MESLANGE
DE POESIE.

A PARIS,
Chez FRANÇOIS IVLLIOT,
ruë du Paon, au Soleil d'or,
prés la porte S. Victor.

1603.

L'AVTHEVR A MADAME HOPIL, SA MERE.

IE N'AVOIS pas faict ce dessein, de mettre au iour ce Meslange de Poësie, ny moins le vous faire voir: le sujet mesme estoit capable de m'en distraire, sçachant que vostre esprit se repaist de plus dignes & saines cóceptions: (vous le pourrez aussi rendre participant des fruicts de mes Oeuures Chrestiennes, produictes en faueur de vostre aisnee moitié; ce suject eſtant plus proportionné à voſtre ſain iugemẽt.) Mais n'ayant peu vaincre les deſirs de ceuxqui m'honnorent de leur amitié; i'ay eſté contrainct par la force de leurs vœux, de manifeſter ces eſſais (indignes de paroiſtre deuant les moins clair-voyans eſprits·)Et i'oſe prendre la hardieſſe (comme voſtre) de les couurir de la faueur de voſtre nom, lequel ſe voyant graué au frontiſpice de cet Oeuure, fera que ceux qui me pourroient tacher des vices d'ignorance & de temerité (celuy là pour l'erreur, ceſtuy-cy pour la production) peut eſtre aduouëront l'intẽtion que i'auois de vous complaire.

Voſtre treshumble & obeiſſant fils, C. HOPIL.

SONNETS.

A MONSIEVR LE BARON DE TERMES,

Sonnet I.

ERMES, quand tu nasquis sur la terre mortelle,
Ce grand Dieu qui preside au conseil des hauts Dieux,
Pour bienheurer ton estre, arresta dans les cieux
D'entourer ton berceau de la troupe immortelle:
A l'instãt d'vn clin d'œil son herault il appelle,
Luy commande guider en ces terrestres lieux
Le frere de Bellonne, & le Dieu radieux,
Et celle qui, naissant, sortit de sa ceruelle.
Mercure fait partir de la celeste Cour
Ces deitez, afin d'honorer ce beau iour,
Et te rendre accomply des qualitez plus belles:
Mercure dans ta bouche infusa sa liqueur,
Minerue entra dans l'ame, & Phœbus aux prunelles,
Et l'inuincible Mars s'empara de ton cœur.

II.

CIPRIS vn iour prés la riue voisine
D'vn ruisselet murmurant doucement,
Seule prenoit vn grand contentement
A voir couler ceste onde cristaline:
Amour voyant sa bouche coraline,
Son œil noirastre, & le bel ornement
De ses liens, prit son dard animant,
Pour en blesser ceste beauté diuine.
Elle sentant le martyre secret
De son traict d'or, luy dit, Ieune indiscret,
De ceste playe ay l'ame marrie:
Tu as blessé ta mere, fol archer,
Pardonnez moy, ie pensois descocher
Mon traict, dit-il, à la belle Marie.

III.

L'Archerot vne fois ayant perdu ses fleches,
Son arc & son carquois, sa mere le chassa,
Le regret de son sort, son cœur outreperça,
Esteignant de ses pleurs ses ardentes flammeches:
Des beaux yeux de Susāne esperāt d'autres me-
Il la trouue en vn bois, mais, folet, il pensa [ches,
Que c'estoit la Cipris, adonc il s'abbaissa,
Son œil luy fit au cœur mille nouuelles breches:
Voiant l'arc en sa main, le feu dās ses yeux doux,
Luy demande pardon, honteux, à deux genoux,
Lors Susanne luy dit, Ie ne suis Citheree:
Luy confus & rauy, s'enuola dans ses yeux,
Où puis il establit son palais glorieux,
Y recouurant sa gloire & sa trousse doree.

IIII.

DEsia ie voy l'Aurore annõcer vn beau iour,
Susanne leue toy, que tu es paresseuse:
Tu deuois estre plus, que l'Aube, matineuse,
Ha! mignonne tu fais au lict trop de seiour:
Allons nous esgayer aux preaux d'alentour,
Nous oirons des oiseaux la musique amoureuse,
Sous les arbres semez de fleur douce-odoreuse
Heureusement contens nous parlerons d'amour.
Et comme nos discours feront naistre l'enuie
D'vne viuante mort, d'vne mourante vie,
Ie te voudray baiser, & tu ne voudras pas,
Mais puis pour adoucir ma flamme violente
Tu te lairras glisser aux amoureux appas,
„ Plus vn plaisir est cher, & plus il nous contente.

V.

AMour ayant nauré mon cœur en mille parts,
Plorant, ie luy voulus faire entendre mes [plaintes
Luy disãt, archerot, si tes fleches sõt teintes
De mon sang my caillé, de tous costez espars:
Cesse de me brusler des poinctes de tes dards,
Tu donnes à mon cœur des mortelles atteintes:
Helas! si tu n'es sourd au son de mes complaintes
Enflamme la beauté, chiche de ses regards.
Amour respond ainsi, sans cesse ie luy tire
Mes traicts pour adoucir l'aigreur de ton martyre,
Ton mal naist du destin, car mon dard Paphien,
Pour l'extresme durté de son ame imployable,
Bondit dessus son cœur & tombe sur le tien,
Amant c'est donc le sort qui te rend miserable.

VI.

IE hay ce qui me ſuit, & n'aime ſeulement
Que cela que ie voy qui m'eſt du tout contraire,
Et i'aime à rechercher vn antre ſolitaire
Pour confire en douleur mon angoiſſeux tourment.
Ie hay tout ce qui m'aime, & me hay meſmemẽt,
I'aime le ſeul deſert, cabinet ordinaire
Où mon cœur languiſſant, fidele ſecretaire
Dicte à ma voix l'ennuy qui le va conſumant.
Souuent on emmenotte, on enchaine vn plus ſage
Que moy, qui ſuis eſpris de la bouillante rage
D'amour aux poignans traicts:
L'homme eſt pire que fol, quand ce cruel le lie,
Ne dict-on pas auſſi qu'amour & la folie
Ont ſemblables effects?

VII.

CEſte exquiſe beauté qui mes feux a fait naiſtre
Fournit d'arc & de traicts à l'archerot des dieux,
Seule elle le poſſede, Amour aime ſes yeux,
Tirant de leurs rayons la cauſe de ſon eſtre.
Helas, tout mõ mal viẽt de ne me point cognoiſtre,
Indiſcret que ie ſuis, dois-ie eſtre ſoucieux
D'vn bien ſeul reſerué aux habitans des cieux?
On dict qu'il fait mauuais ſe iouer à ſon maiſtre:
Elle voit les effects de ma fidelité,
I'immole à ſes beautez ma chere liberté,
Mais las, pour la ſeruir en vain ie me conſume:
Le ciel m'accuſera de ma temerité,
Ie n'attens que rigueur d'vne telle beauté,
Puis que le meſme amour à ſes flammes s'allume.

VIII.

LEs forests d'alentour sans cesse i'importune,
De mes vagues souspirs ie fais enfler la mer,
Le ciel, à tous momens, ie viens à reclamer,
Et i'addresse à l'amour vne plainte importune.
Mais ie ne puis aux bois faire ouyr ma fortune,
Mes plaintes ne sçauroient les vagues animer,
Le ciel de mes souspirs ne se veut allumer,
Et l'archer desdaigneux rit de mon infortune.
Ie croy que les forests, la mer, le ciel, l'amour,
Courroucez contre moy me brassent quelque tour,
Mesprisant mon amour, ou amoureux eux mesmes:
Que mõ malheur est grand d'auoir dit mõ secret
A ceux qui pour blasmer mes passions extremes
M'accuseront par tout d'vn babil indiscret.

DIALOGVE.

L'AMANT, & L'AMANTE.

L'AMANT.

IX.

TV souspires, mon cœur, tu souspires, m'amie,
Si tu n'eusses voulu, ie ne l'eusse pas faict:

L'AMANTE.

Helas, mais si quelqu'vn nous eust prins sur le fait
I'en eusse eu du regret tout le temps de ma vie:

Le peril est passé, la peine en est rauie,
Au moins vne autre fois cherchons vn lieu secret,
Dieu, que tu es folastre, & ieune, & peu discret:

L'AMANT.

Mõ cœur, permets le moy, il m'en naist trop d'enuie.

L'AMANTE.

Vrayement laissez cela, ma mere nous oit bien.
Ouf, mais que faictes-vous? ah, ie n'en feray rien,
Que sera-ce de nous si quelqu'vn nous escoute?
Mon ame, c'est assez, appaise ta chaleur,
Ie meurs, ie vis, ie crains, & suis tousiours en doute,
Sçachant que tout plaisir est meslé de douleur.

X.

DErnierement estant auprés de vous,
Vous accusiez mon humeur desplaisante,
Mais pour vos yeux si cruellement doux
Ie plore & brusle, & me plains & lamente.
Mon cœur les aime, & craint fort leur courroux,
Dont est tousiours ma face gemissante,
Leurs chauds esclairs ie ressens à tous coups,
Dont vous voyez mon ame languissante.
Deesse, vn peu le tonnerre accoisez,
De vostre ciel, & mon mal appaisez
Si vous voulez qu'heureux ie vous adore:
De vos rayons seichez l'eau de mes pleurs,
De vos regards allegez mes chaleurs,
Car l'vniuers ne doit finir encore.

XI.

MAdame, & moy faiſons vne mer, ce me ſemble,
L'épouuētable mer paroit bleuë à nos yeux,
Et telle eſt la couleur de ſes feux radieux,
On crainct de voir la mer, les regardant ie tremble:
Les eaux, ce ſōt les pleurs que mō martyre aſſēble
Au fonds de ma poictrine, & ſon cœur glorieux,
C'eſt l'endurcy rocher qu'vn flot impetueux
En vain bat & rebat, qui iamais ne s'esbranle:
Sans fin ſur ceste mer qui ſe fait de mes pleurs,
S'eſuentent les ſouſpirs de mes aſpres douleurs,
Sa beauté, c'eſt la barque où mon ame s'eſlance,
La lune, eſt ſon humeur, qui chāge à tout momēt,
Son eſprit eſt auſsi le meſme changement,
Ainſi la mer d'amour, eſt la mer d'inconſtance.

XII.

DEs beaux yeux de Philis i'adore la puiſſance,
N'aller idolatrant vne telle beauté,
C'eſt beaucoup demonſtrer plus de temerité
Que, luy donner ſes vœuz, ce n'eſt faire d'offenſe.
Le Ciel verſant ſur moy ne ſçay quelle influence,
Me conuie à l'aimer (bien que ſa cruauté
Meſpriſe mon amour, mes vœux, ma loyauté,
Et qu'elle fou le aux pieds ma fidele conſtance.)
Ses moleſtes refus, ſes deſdains glorieux
Ne peuuent deſtourner mes deſirs de ſes yeux,
Elle charme l'amour, tant elle eſt agreable:
Que n'a le Ciel, autheur de ſes perfections,
Meſlé quelque douceur parmy ſes actions,
Ou que ne ſuis-ie aueugle, inſenſible, ou muable?

A M. B.

XIII.

SEroit-ce le destin qui m'auroit peu rauir
Au cristal de vos ieux, vrais miroirs de mõ ame?
Non ce n'est pas le sort, car de leur douce flame
Amour brusle mon cœur, afin leur asseruir.

Non, ce n'est pas amour, car amour fait languir
Cruellement les cœurs que sa sagette entame,
Non, ce n'est point amour, c'est le ciel qui m'enflame,
Diuin, m'ayant fait naistre afin de vous seruir.

Car le sort est douteux, mon amour est certaine,
D'Amour naist tout mal-heur, & ma flamme est sans peine,
Le Ciel n'est que douceur, & mon ame que feux:

Quand ie voy vos beautez (que mõ esprit admire)
I'exalte la fortune, & l'amoureux empire,
Et voyant vos beaux yeux, ie les nomme des cieux.

A MONSIEVR de Beauclerc.

XIIII.

LE mystere d'amour (mon Beauclerc) est compris
En quatre enfãs douillets, separez de la presse,
Deux se battent à coups de pommes, sans addresse,
(Car d'aucune fureur ils n'ont le cœur espris:)

Deux autres à tirer vn traict d'or, bien-appris,
Sans s'alterer l'esprit, ignare à la rudesse,
Se presentent le flanc d'vne douce mollesse
Pour s'enferrer l'vn l'autre en leurs traicts adoucis.

Recreus de ce deduit, animez à la lutte,
Font or', ioincts de plus prés, vne sanglante cheute,
Se mordent, despitez: Quels contraires esbats!

Les baisers de l'amour par les pommes s'expriment,
Les desirs, flanc sur flanc par les amãs s'impriment,
Et son delice en fin se termine en debats.

XV.

VN fatal iour d'eſté i'apperceus ma cruelle
Sommeillãt doucemẽt entre les paſles fleurs
De ſon heureux verger, où ſa beauté nouuelle
Tua le ſouuenir de mes vieilles langueurs.
Mon cœur liura l'aſſaut à mon ame fidele,
Mes amoureux deſirs vouloient eſtre vainqueurs,
Mais i'eus quelque ſoupçon que l'audace infidele
Miſt à mort mon eſpoir, augmentant ſes rigueurs.
Ses beaux yeux enfermez ſous leurs douces pau-
Reſſembloient au ſoleil, le pere des lumieres, [pieres
Qui, voilé d'vn nuage, eſlance des eſclairs.
Leur feu preſſé ſortoit en plus grand' violence,
Car ces aſtres brillans dont les feux ſont ſi clairs,
Cachoient leur belle forme & nõ pas leur puiſſãce.

XVI.

TAnt de doux traits aux mortelles pointures,
Tant de tourmens des plaiſirs renaiſſans,
Tant de doux feux qui rendent languiſſans,
Ne le croyons, ſont des vaines figures:
Les traicts d'amour qui des humains a cure,
Eſtans ſi doux, nous vont-ils meurdriſſans,
C'eſt vn abus, car les effects naiſſans
D'vn doux ſuject, ont la meſme nature.
Las, toutesfois vn bel aſtre vainquenr
Lance des dards au milieu de mon cœur
Et nulle trace en paroiſt à la veuë:
Il bleſſe ainſi qu'vn Phalange qui poind,
Bornant la vie à ſon extreſme poinct,
Comme l'Amour d'vne playe incognuë.

XVII. T.D.

I'Aime biẽ ma maistresse, & la hay tout ensẽble
I'aime ses blonds cheueux, ie hay sa fiction,
Ie reuere ses yeux par qui l'Aurore tremble,
Et porte quelque haine à son ambition.
I'aime sa bouche d'or, qui la rose ressemble,
Ie hay ses vains propos, & sa complexion,
Et son fard si lascif qui tant de gloire assemble
A sa beauté naïfue, & porte affection.
Mais on tient que l'amour à la haine s'oppose,
A la haine, l'amant ses desirs ne dispose,
Puis aupres de la Haine (ô Amour) tu te meurs,
Car tu es naturel, elle tout au contraire:
Fay donc que ie concluë (Amour) sans te desplaire,
Que i'aime ses beautez, que ie hay ses humeurs.

XVIII,

PEndant que seul i'errois en ce bocage
Où ton bel œil m'apprist à bien aimer,
De mon doux luth ie m'en allois charmer
Les oisillons ennemis du seruage.
Estant assis sur le moussu riuage
Pour, de mes Vers, les echos animer,
Ie les chantois, afin de parsemer
De leurs douceurs, le frais-mollet herbage.
Tout flechissoit aux accens de ma voix:
(Mignonne) es-tu plus fiere que les bois?
Si les oyseaux suyuoient mon luth fidele,
Si les echos repliquoient à ma voix,
Veux-tu qu'on die, Annette est plus cruelle
Que les oyseaux, les echos, ny les bois?

XIX.

VN iour pour diuertir les pensers amoureux
Qui, pour me trauailler, erroient de veine en veine,
Ie pinçottoy mon luth sur la riue de Seine,
Et charmois les poissons d'vn accord doucereux.
Ces moites habitans, aux accens douloureux
De mon luth attrayant, doux-sorcier de la peine,
Comme ayans à desdain & les eaux & l'areine,
S'empestroient de leur gré dans mõ ret frauduleux.
Alors, en deplorant la fin de leur passage,
Ie regrettoy le poinct de mon triste seruage,
O poissons, nous mourrons par vn semblable sort!
Vn luth vous a charmez afin de vous surprẽdre,
Vn bel œil plein d'attrais, à mõ cœur s'en vint tendre,
Il le prist aux desdains, les filets de ma mort.

XX.

SVperbes cœurs, espris de vanité
De hauts desirs, excedant la puissance,
Qui desdaignez l'amour d'vne beauté,
Qui vous excelle en grace, en bien-vueillance.
Si l'imprudence ou la temerité
Ne vous regit, est-ce point l'impuissance?
Qu'esperez-vous? vne diuinité,
D'vn immortel, recherche l'accointance.
(Vains) vous pensez que les plus beaux sujects
Soient donc pour vous, indignement, abiects
Estans douez d'vn clair-poly visage:
Gardez (mignards) que par vostre mespris,
Ne vous perdiez (de vous-mesmes espris)
Comme Narcisse embrassant son image.

XXI.

IE ne suis point du nombre des amans
Qui perdent cœur apres la iouyssance:
Mon ferme amour prend nouuelle accroissance
Et germe au champ de mes contentemens:
Quand ie ressens les amoureux tourmens,
Et les rigueurs d'vne ame d'inconstance;
Ie sens alors affoiblir ma constance,
Et mes desirs en sont moins vehemens:
L'heur des amans, à qui le sort n'insiste,
Aux vrais effects vniquement consiste,
Et le malheur au desir imparfaict:
De ces deux poincts telle est la difference,
L'vn effectuë, & l'autre est sans effect,
L'vn est le fruict, & l'autre l'esperance.

XXII.

VN iour Susanne & moy, reuenãs de la chasse,
Dãs vn pré fleurissant, entre vismes Amour,
Qui honteux se cachoit sous les fleurs d'alentour,
Sanglottant desarmé, sans bandeau sur sa face.
Il vient deuers ma belle, & contẽplant sa grace,
Son carquois, ses beaux yeux, de ses feux le seiour,
S'agenouille disant · Nymphe, voicy le iour
Auquel, sans ton secours, le destin me terrasse.
Las! ma mere (dict-il) recreu ie sommeillois,
Susanne m'a rauy mon voile & mon carquois:
(Royne) veux-tu permettre vne telle victoire?
Non, dict-elle, Archerot, ie ne suis pas Cipris,
Pren tes traicts, & luy dis que ie les auois pris,
Et que ces deux amans en possedent la gloire.

XXIII.

VNe fois l'archerot de sa mere repris
De lâcher ses traits d'or toujours à l'auãture
Et ne toucher les cœurs dignes de sa pointure,
Naurant imprudemment les plus rudes esprits.
Plorant, luy respondit (ô puissante Cipris)
Ainsi, mescognois-tu quelle est ta creature,
Ailez sont mes desirs, aueugle ma nature,
Et suis de tous les cœurs egalement espris:
Vn iour qu'il esprouuoit ses amoureuses meches,
Passant, ie ressenty ses rougissantes fleches
Qui m'alloient peu à peu tous les esprits charmant:
Tu meurs, &, dit Amour, ta belle n'est esmeuë,
O Dieux! pour vn moment redonnez moy la veuë
Pour blesser vne Dame, & sauuer vn amant.

XXIIII.

VOus qui, l'auril de vos ans, consommez,
A courtiser vne belle Deesse,
Et qui l'amour des bergeres blasmez,
Voyez les yeux de ma douce maistresse.
Que ie vous plains, car en vain vous aimez
Vne beauté, qui pour toute caresse,
Rit de vos plaincts, de vos vœux animez,
Charmant vos maux d'vne voix piperesse.
Ce feinct amour est vn flatteur tourment,
Celuy qui naist vn doux contentement
Est l'amour vray, dont l'autre n'est qu'ombrage.
Le mien se voit, le vostre esuanouyt:
Venez apprendre en l'amoureus bocage
Que ce n'est pas aimer, qui ne iouyt.

A monsieur le Bossu, Secretaire du Roy.

XXV.

Comme vn soldat qui voyant que sa trouppe
Pille, saccage, & met villes en feu,
Gauchit au mal, & n'est non plus esmeu
Qu'vn eschançon qui renuerse vne couppe:

Comme vn Patron qui commande à la poupe,
Ayant de loin les grands flots apperceu
Ne s'espouuente, ains sage il a pourueu
Pour ne porter des rauages en crouppe.

Ainsi parmy les humaines fureurs,
(Mon cher Bossu) au milieu des erreurs,
En sa candeur, ta pieté demeure:

Ainsi parmy les flots malicieux
De ceste mer, ton ame se r'asseure
Pour aborder l'extreme port des Cieux.

La fourmy.

XXVI.

LA fourmy mesnagere & sage & preuoyãte
Ne se tiẽt paresseuse au trõc d'vn arbre creux
En la ieune saison du printemps odoreux,
Que l'on entend Progné qui son Itys lamente:

Elle vient, elle va, sans cesse, diligente,
Pour son viure amasser pour l'hyuer froidureux,
Elle ne s'accroupit en l'Esté chaleureux,
Ains garnit pour l'Automne, & bien munit sa tente.

Ainsi deuons-nous faire, & soigneux amasser
Au printemps de nostre aage, & pendant ne cesser,
Car quand de nostre Esté les ardeurs sont passees,

L'hyuer nous viẽt surprẽdre, & la vieillesse aussi
Que nous trainons en peine, en regrets, en soucy,
Pour nos commoditez n'auoir pas amassees.

XXVII.

Bienheureux est celuy qui le Seigneur honnore,
Bienheureux est celuy, qui ne suiuãt vn Roy,
Escoule ceste vie en liberté chez soy,
Heureux, qui son thresor, insensé, ne decore.
Bienheureux, qui n'a soin d'aucun procez encore,
Heureux est celuy-là qui, franc de tout esmoy,
Sans crainćte d'ennemis vit aux champs à recoy,
Où le soucy rongeard son esprit ne deuore.
Heureux qui, sans muer, de Rome est reuenu,
Qui se passe du ieu bien-heureux est tenu,
Heureux qui ne ressent l'amoureuse sagette:
Heureux qui, rapportant des Indes grand thresor
S'exempte de peril, & plus heureux encor
Qui, sans cornes, possede vne beauté parfaićte.

XXVIII.

N'Esperons que du mal en ce bas vniuers,
Si no⁹ sõmes deux iours à couuert de la peine:
Nous esprouuons cent iours de maux tristes-diuers,
Ainsi nous a creez la nature mal-saine.
O muable bon-heur, comme vn vent tu te perds,
Le Ciel verse d'enhaut, comme d'vne fontaine,
Mille maux, mille ennuys, sur nous fragiles vers,
Pendant que nous iouons ceste farce mondaine.
La fiebure, quinze mois a vescu de mes os,
Puis esperant iouyr de l'ombre d'vn repos
Vint en mon estomach la colique bourrelle,
I'eu puis vn mal de rate, vn os pour m'acheuer
Se ficha dans ma gorge, & me pensa creuer,
La vie est de douleurs vne source eternelle.

XXIX.

QVe le monde est constant en instabilité,
Si l'on iouyt d'vne aise, au moins de l'appa-
Tantost le sort muable en tranche l'esperance, [rẽce,
Et tout est enuieux de la felicité.
Or i'estois desdaigné de la feinte beauté
Qui, par mille tourmens, a prouué ma constance,
Ores, de mes douleurs, elle prend cognoissance,
Puis volage se rit de mon infirmité.
Helas! tous les malheurs sont la mesme asseurãce,
Et l'espoir, icy bas, l'ombre d'vne esperance,
Qui, vaine, se presente, & trompe nos mal-heurs:
L'heur du monde, & d'amour, est vne ioye amere,
Car le monde n'est rien qu'vn enfer de misere,
Et l'amour en effect qu'vn monde de douleurs.

XXX.

QVi desire sçauoir qu'est Amour en effect,
Sa puissance, son arc, sa nature, son estre,
Qu'il aime, & ce faisant il pourra recognoistre
Quel il est, quel il naist, comme il naist, ce qu'il faict.
Ainsi qu'vn ieune enfant on peinct cet indiscret,
Dautãt qu'on voit l'amour de iour en iour accroistre:
Puis au monde, sans veuë, on nous le fait paroistre,
Ou bien les yeux bandez sa figure on pourtrait,
Monstrant, qu'à la raison il sille la paupiere,
Et que la paßion le priue de lumiere,
On le peinct empenné, car il est tres-leger,
Außi, que la pensee à l'amour animee,
Enleue les esprits d'vn vol doux & leger,
Hors du cœur de l'amant, pour viure en son aimee.

A.Y. D. F.

Le premier iour de l'an 1602.

XXXI.

LE beau soleil, & mon parfait amour,
Font apparoir des effects dissemblables,
Ores qu'ils soient en essence semblables,
(Car mon amour est pur comme le iour.)

Ce grand courrier qui commence son tour,
Pour colorer de ses rais agreables
Du haut pourpris les voultes admirables,
Rode sans fin, sans espoir de seiour:

Mais mon amour, qui tousiours renouuelle,
Est animé d'vne cause si belle,
Qu'il doit vn iour paruenir à son poinct:

Le prompt soleil fait son cours circulaire
Sans s'arrester: mon amour au contraire
Se meut sans cesse afin de se voir ioinct.

T. D'ITAL.

XXXII.

AMour, où niches tu, qu'aucũ ne te peut voir?
Est-ce aux yeux de ma belle, ou plustost dans mon ame?
Si comme tu reluis ie te veux entreuoir,
Ie contemple, rauy, les soleils de madame:

Mais si comme tu brusle, & monstres ton pouuoir,
Archer, ie suis l'Ætna de ta cuisante flamme,
Helas! si tu cognois mon mal, à mon douloir,
Pren pitié de mon cœur qu'vn œil charmeur entame.

Si de mon pauure cœur tu cheris le seiour,
Espure son vlcere, ou bien (puissant amour)
(Pour demonstrer en nous le pouuoir de ta grace,

Et l'effect merueilleux de ton alme pouuoir)
Desloge de mon cœur pour luire sur ma face,
Et sors de ses beaux yeux pour son cœur esmouuoir.

A —— le premier May.

XXXIII.

TV m'as donc pris ſans verd, & bien ie le confeſſe,
Ta rigueur en eſt cauſe, & mes peines auſſi,
Mon cœur eſt nud d'eſpoir & veſtu de ſoucy,
Et la douleur peſante atterre ma foibleſſe.

Sois plus douce ennemie, ou moins fiere maiſtreſſe,
Reſtaure vn pauure amant de miſere tranſi,
Fomente ſes douleurs d'vn clin d'œil adoucy,
Afin que ce beau iour limite ſa deſtreſſe.

Deſia dans ces ver-bois le gaſouillant troupeau
Deſgoiſe ſon ramage, & le gay paſtoureau
Enfle la cornemuſe, & ſa Nimphe contemple.

Veux-tu que ie ſois ſeul à plaindre mes langueurs,
Pren ſoucy de mon cœur, obiect de tes rigueurs,
Si ce n'eſt par amour, que ce ſoit par exemple.

XXXIIII.

DAns vn pré tapissé de fleurs & de verdure,
De mon luth doux-parlant les languettes touchãt,
Rauy de mes pensers, ie trouuay d'aduanture
Deux Nimphes que i'allois dès long temps recherchant.

L'vne portant vn arc & des traicts pour parure,
Me charma de ses yeux, me rauit de son chant:
Et l'autre qui fait honte au bien-disant Mercure,
Alloit de ses douceurs mes esprits allechant.

Ie nommois celle-cy du beau nom de Minerue,
L'autre belle Venus, qui vit mon ame serue,
Touché dés ce moment d'amoureuse langueur:

Pour ces deux seulement, amour, i'aime la vie,
Tout à elles ie suis, aussi ie leur dedie,
A celle là l'esprit, à celle cy mon cœur.

A. M. D. F.

XXXV.

IE ne sçay quel bon astre au poinct de ma naissance
Fauorisa mon estre, & d'vn aspect si doux
Daigna verser sur moy vne telle influence,
Que ie m'oste de moy pour me donner à vous.

S'il est vray que l'amant se transforme & s'eslance
En son sujet aimé, ce n'est plus qu'vn de nous,
Viuons deux comme vn seul soubs la loy de constance,
Amour mesme sera de nostre amour ialoux.

Et comme d'vn soleil la lumiere est parfaicte,
Ie ne voy que par vous, & rien plus ne souhaitte
Sinon que d'obseruer les vœux de nostre loy,

Il faut que vous m'aimiez s'il faut que ie vous aime,
Mais en m'aimant aussi vous aimerez vous mesme,
Car ie suis plus à vous que ie ne suis à moy.

XXXVI.

——mon soucy, seul obiect de mon ame,
Quand ie suis prés de vous, ie ne suis plus à moy,
Et quand ie suis à moy, helas! ie meurs d'esmoy,
Pour reuiure en vos yeux, dõt la douceur me pasme
L'archerot courroucé me poursuit & me blasme,
En ton cœur est graué le cachet de ma loy,
(Dit-il) & ie n'ay point de retraicte chez toy,
Ton cœur seroit-il point consommé dans ma flãme?
Et quoy? (luy di-ie) (amour) ne te souuient-il pas
Qu'au poinct que tu le pris prisonnier en tes lacs
Par l'attraict d'vn bel œil où son desir recele,
Que tu fis ceste loy, qu'il feroit son sejour
Au cœur de la beauté dont tu nasquis (Amour)
Si ie n'ay point de cœur, suis-ie donc pas fidele?

XXXVII.

QVand au cristal de vos yeux ie me mire,
Mon cœur touché d'vn doux rauissement
Part de mon corps, & en eux se retire,
Car ces beaux yeux luy sont vn firmament.
Il plaint, il meurt, & sa mort il souspire,
Si son destin l'en priue vn seul moment,
(Yeux) qui vous voit, & point ne vous admire,
S'il n'est sans yeux, il est sans iugement.
Si sur ma bouche est depeint le silence,
C'est qu'elle donne à mon ame audience,
Pour admirer vos attraicts gracieux.
Sors donc (mon cœur) de ta masse imparfaicte,
Et dans ces yeux à iamais te delecte:
Il faut quitter la terre pour les cieux.

XXXVIII.

Bouche de mes pẽsers, l'entretien le plus doux:
Bouche, le paradis d'amour & de ma vie,
Bouche, de mes desirs la douceur & l'enuie:
I'ay peur que vous voyant l'aube n'entre en courroux:

Bouche, ie ne crains point de vos astres les coups
Quand ma vie se pasme en vos liqueurs rauie,
Heureuse trois fois l'ame à vos loix asseruie,
Mon cœur ne peut rien voir qui soit si beau que vous.

Belle bouche riante en corail esleuee,
Fay que de ton nectar soit mon ame abbreuuee
Quand ton bel œil voudra d'vn regard l'embraser.

Prononce vn doux arrest en faueur de mon ame,
O Bouche, approche toy pour addoucir ma flame,
Vois-tu pas que mes yeux respirent vn baiser?

XXXIX.

LE Paphien qui regne aux beaux yeux de ma belle,
A, pourtraicts, ses regards, autheurs de ma langueur,
Pour arc & pour carquois l'vne & l'autre prunelle;
Pour flambeau leurs rayons qui m'enflamment le cœur:

Ses yeux le paradis où mon desir recelle,
Infusent en mon ame vne douce liqueur,
Qui rauit mes esprits, les pasme & les rappelle:
Par eux ie suis vaincu, par eux ie suis vainqueur.

En ses yeux l'Archerot allume mille meches,
Et naure autant de cœurs qu'il decoche de fleches,
Par eux il dompte tout, il est tout glorieux:

Amour sortant d'iceux en mon cœur se vient rendre,
Mes plus secrets pensers pour ailes il vient prendre,
Et tout armé s'enuole au cristal de ses yeux.

Allez

XL.

ALLEZ, pensers, allez trouuer ma belle,
Allez la voir, n'y faictes long sejour,
Afin qu'au moins, à vostre prompt retour,
I'aye ce bien d'entendre parler d'elle.

Sortez donc tous de mon ame fidele,
Pour contempler l'obiect de mon amour:
Quoy? vous craignez; est-ce le brillant iour,
Est-ce l'ardeur de sa viue prunelle?

Allez, pensers, si tous vous n'aimez mieux
Me voir languir que viure par ses yeux:
Ne tardez plus, vous retardez ma vie.

Allez, pensers, puis reuenez à moy,
(Doux entretiens de mon ame asseruie)
Vostre retour charmera mon esmoy.

P. M. C.

XLI.

AV poinct que i'apperceu de vos astres l'aspect,
Ie vis Amour paroistre à l'esclat de leur flame,
Et voyant que mon cœur leur portoit du respect,
Il sortit de vos yeux pour entrer en mon ame.

Il me fit esprouuer la poincte de son traict,
Et l'ardeur de son feu, qui mes esprits enflame,
Leur imprimant au vif les graces du suject
Qui, present, me rauit, & dont l'obiect me pasme.

Soudain que Cupidon, cet archerot vainqueur,
A ses traicts rauisseurs eust asseruy mon cœur,
D'vn doux-charmeur attraict vos astres l'attirerẽt:

Et mon desir espris de ce diuin sejour,
A l'instant fut porté, sur les ailes d'Amour,
Au ciel de vos beautez, qui mon cœur enleuerent.

A Madame de Montluet.

XLII.

L'Heureuse antiquité, qui fait honte à nostre aage,
Honnoroit la Vertu, faisant les Vertueux
Triomphans, cheminer au rang des demi-Dieux,
On cherissoit Pallas, on luy rendoit hommage,

Auiourd'huy la Vertu marche en pauure equipage,
Et son celebre nom nous est si odieux,
Que l'on craint de la voir d'vn œil doux-gratieux,
Et celuy qui la voit luy fait mauuais visage.

La Vierge qui sortit du cerueau du grand Dieu,
Pour le palais celeste a quitté ce bas lieu,
Mais ce mystere cy merite qu'on l'explique.

C'est la noble Vertu, qui, odieuse à tous,
Dignement est receue en triomphe de vous,
Faisant de vostre esprit son palais magnifique.

A. M. B. F. D.

XLIII.

FRere, il faut admirer vne amitié si belle,
Auoir vny nos cœurs, couplez heureusement,
Faire agir nos desirs d'vn egal mouuement,
Sont-ce pas les effects d'vne amour mutuelle?

Mon ame bienheuree, où ton desir recelle,
Ton cœur, d'où mes desirs naissent secrettement,
C'est vn cœur de deux cœurs formé mistiquement,
Pour viure deux en vn soubs la loy fraternelle.

Ceste loy que nature engraue au cœur humain,
A ne sçay quoy de grand qui semble sur-humain,
Mais la loy d'amitié est encore plus grande:

Du signe fraternel, beny soit l'heureux iour,
(Douce fraternité qui prins estre d'amour)
Ie te fais de mon cœur vne fidele offrande.

A la France.

XLIIII.

France, que ie te plains, de voir, le cœur m'en creue!
Tollir à tes enfans leur franche liberté,
Ils boiuent des meschans l'amere indignité,
Leur nauire, en temps calme, est agité sans tréue.

O France, ne sommeille, on affile le glaiue
Pour occire les tiens: pren les à sauueté:
Preserue des malheurs ton alme dignité,
Et terrasse le bras qui contre nous s'esleue.

Tout chante, mais en vain, ce doux nom de repos,
France, car tes enfans sont rongez iusqu'aux os:
Les Poetes feignoient l'oyseau de Promethee,

Mais le cruel vaultour qui nous ronge sans fin,
Nous faict imaginer (France) que ton destin
Te veut voir dans le port comme en mer agitee.

Sonnet faict pour vn quidam ioüant du luth.

XLV.

——— Ne ioue plus, car ta main flateresse
Pince si grauement ce luth harmonieux,
Que i'ay peur de mourir du son melodieux
Que rend à mon ouyr sa corde enchanteresse.

Cesse donc ie te pri' ; non non, pour Dieu ne cesse,
Tu charmes doucement du bel air gracieux
Des accordans accords de ton ieu glorieux
De mon cœur ennuyé l'ennuyeuse tristesse.

Ha, quel plaisir, quel aise, ha quel contentement,
Ha ce n'est vn plaisir, c'est vn rauissement,
——— Rauy moy donc, ha i'ay l'ame rauie!

Cesse vn peu (mon ———) rauy, l'esprit me faut,
C'est tout vn, ioue encor, si mourir il me faut,
Ie veux que tes douceurs donnent fin à ma vie.

ELEGIES.

HYMNE DE LA CLEMENCE.

AV ROY.

TOVS les plus beaux effects naissent de la Vaillance,
Et toutes les Vertus cedent à la Clemence,
Vertu de si haut prix, que l'esprit n'a pouuoir
De bien l'imaginer, mesmes d'en conceuoir
Les merueilleux effects: car la toute-puissance
Pour se faire admirer se sert de la Clemence.
Puisque ceste Vertu (SIRE) se loge en vous,
Puisque vostre cœur noble est magnanime & doux,
Permettez que ie loüe, & que ie chante encore
Ceste graue Vertu au son de ma Pandore,
Que ie fasse mes airs esclatter dans les cieux,
Chantant ceste Vertu, rare tresor des Dieux.
SIRE, c'est [illegible] tresor qui vos grandeurs decore,
C'est la perfection qui fait qu'on vous adore,

Grand Roy, c'eſt la vertu qui vous faict eſtimer,
La valeur vous fait craindre, elle vous fait aimer,
Puis s'eſt vaincre deux fois l'ennemy deplorable,
En l'ayant ſurmonté ſe monſtrer pitoyable,
Et la plus part des Rois qui ſont ſoubs le Soleil,
Ores qu'ils ſont vainqueurs, ſont vaincus de l'orgueil,
Et leur cœur animé, aueuglé de la gloire,
Ne ſçait pas pardonner au gré de la victoire,
Ne ſe laiſſans guider que par leurs paßions.
Mais vous, Prince bien nay, de qui les actions
Nous ſeruent de miroir, voſtre douce clemence
Vainc autant d'ennemis que fait voſtre vaillance,
Si bien que le vaincu obtient meſme guerdon
Que s'il eſtoit vainqueur, en luy faiſant pardon:
Vn grand aimeroit mieux voir ſon ame captiue
Au ioug de vos grãdeurs, que de Prince qui viue:
Außi ce grand flãbeau dont l'eſclair eſt ſi doux,
Ne voit rien auiourd'huy qui ſoit ſi grãd que vous,
Il ne laiſſe gliſſer ſa clarté donne-vie
Sur monarque mondain qui vn tel heur n'enuie:
La gloire, la douceur, l'honneur, la pieté,
Brillent au bel aſpect de voſtre Majeſté:
L'on vous nõme (grand Roy) par ceſte maſſe ronde
Le vray ciel de l'honneur, & la gloire du monde.
Et pour mieux reſſembler à la diuinité,
Luit en vos actions vn rayon de bonté,
„ Les Dieux ſont recogneus par la ſeule clemence,
Et vous, à leur exemple, en remettant l'offenſe,
Vous faictes icy bas eſtimer immortel
Perdant par vos vertus le tiltre de mortel.

LA NAISSANCE de la Hyacinthe.

VSE, c'est trop oser, (ô penser odieux!)
D'escrire le mal-heur d'vn fauory des Dieux,
De ce gentil enfant, ce mignard Hyacinthe
Dont nasquist vne fleur apres sa vie esteinte.
Nymphe, ne sçais-tu pas que le Dieu porte-luths
Tenoit ce damoiseau pour vn de ses esleus?
Vierge, ne crains-tu point qu'vn iour il s'en irrite?
Onc vne infauste amour ne doit estre redite.
C'est tout vn, conte moy, d'où ceste fleur de prix
Qui te naist du soucy, son origine a pris.
Vn ieune Amiclean, issu de noble race,
Aussi rare en beauté, qu'en douceur & en grace,
Qui, mignard & courtois, se faisoit desirer,
Et de qui la vertu le faisoit admirer.
Apollon, aux vertus, voyant son ame apprise,
Et le voyant si beau, en eust la sienne esprise,
Il le faict son mignon, Zephire mesmement
(Cruel competiteur) l'aimoit vniquement,
Tous deux voulans rauir ceste fleur agreable
Prouuerent la fureur du sort inexorable.
Ainsi que plusieurs mains lancees à la fois

Pour cueillir vn beau fruit, ou bien la fleur d'vn
bois,
S'empeschent bien souuent, fletrissent les fleurettes,
Font tomber, à l'enuy, leurs fueilles tendrelettes:
De mesmes ces Amans espris de ceste fleur,
Ternissent son beau teint, & perdent sa couleur:
Hé! Dieu que ie te plains! O gentil Hyacinthe,
D'estre aimé de ces deux pour aymer par cõtrainte.
Le charmeur Delien Dieu du mont aux neuf
sœurs,
Appastoit ce mignon du suc de ses douceurs,
Occupant son esprit à diuers exercices,
Il voyoit escouler ses beaux iours en delices,
Apollon luy monstroit à courir, à sauter,
A descocher vn traict, & la pierre ietter,
Et croy qu'il en estoit à peu prés idolatre,
Ores pour recreer son ieune esprit folastre
Il luy monstroit son luth des Muses tant prisé,
Dont l'air doux-rauissant le rendoit extasé:
Le voyant ennuyé des ieux, & de sa lyre,
Il presente au mignon tout cela qu'il desire.
Ainsi ce ieune fils, ce douillet enfançon,
Folet, se laissoit vaincre aux airs de sa chanson.
Pendant il fait languir le parfumé Zephire,
Qui l'aime, le cherit, le courtise, & l'admire:
Mais quoy, tous ses appas sont foibles au respect
Des attraicts d'Apollon au gratieux aspect.
Le doux soufflant Zephir, vagabond & volage,
Luy iette, en caressant, de la poudre au visage,
Ternit sa blanche chair, & hasle son beau tein,

L'embrasse, l'importune & le soir & matin,
Corrompt son chapeau fait de mainte fleur exquise,
Mesle ses blonds cheueux, deffraise sa chemise,
Actif, met en desordre & rompt à tout moment
Les plus bien agencez de son beau vestement.
Toutesfois ce mignard en tiroit du seruice
Quand molesté du chaud, ou de quelque exercice,
Ou quand, à l'ombre assis, ou bien se promenoit,
Cet amoureux Zephir doucement l'aleinoit:
Mais tous ses doux attraits, & ses belles promesses,
Estoient en son endroict de trop vaines caresses:
Et bien qu'il luy promist le rendre auec le temps
Roy des plus riches fleurs du coloré printemps,
En vain il le courtise, en vain il le supplie,
Car vn plus fort amour estroittement le lie,
Ses amoureux desirs enclinent seulement
A son bel Apollon qu'il aime vniquement.
Zephire, ce pendant, a la teste saisie
D'vn martelant soupçon, d'extreme ialousie,
Se voyant desdaigné, & n'osant rechercher
Le bien qu'il estimoit, de son mieux, le plus cher.
Depuis il conuertit vne affection telle
En vne triste haine à iamais immortelle:
Si bien qu'il eust au cœur de payer vn tel tort
(Comme il fit outrageux) d'vne funeste mort.
Vn iour, pour terminer ceste amoureuse guerre,
(Comme ils passoient le temps à reietter la pierre)
Apollon la iettoit, & Zephire à propos
(Pour naistre le mal-heur, or' qu'ils fussent dispos)
Destourna le haut coup d'Apollon, de fortune

Sur le pauure Hyacinthe, ô cruelle infortune!
Et tombant sur sa teste, helas! il le meurtrit,
Soudain il perd le poux, & sa beauté fletrit,
Couché tout roide mort estendu sur la place,
Sans ame, sans vigueur, tout außi froid que glace,
Sans que cet Apollon, le diuin medecin,
Peust arriuer à temps pour puis le rendre sain,
Car l'ame, abandonnant le tronc de la nature,
Auoit desia franchy la dentine closture.
Phœbus confit en dueil, cherement l'accolant,
Va dix mille regrets de sa leure escoulant,
Transy de desespoir, il se pasme, il souspire,
Ses yeux noyent sa face, il accuse Zephire:
Ah, ialoux vent, dict-il, m'as tu bien faict ce tort
D'exposer, sans raison, mon espoir à la mort?
O fuyard, ô poltron, instrument d'inconstance,
Estoit-ce pour prouuer ma diuine constance?
Ma voix cesse tes plaints, mes yeux cessez vos pleurs,
C'est du cœur gemissant que partent les douleurs,
Außi toute la mer en larmes conuertie,
Ne sçauroit reuoquer le moindre esprit de vie,
Si vne fois le corps reste sans mouuement,
Allant, pasle, habiter le triste monument.
A ce funebre accent il finit sa complainte,
Sanglottant bassement le doux nom d'Hyacinthe.
Son beau sang espandu, son œil iadis si cher,
Eust esmeu à pitié le plus dur d'vn rocher,
Eust fait sourdre des pleurs des pierres insensibles.

Les marastres douleurs aux flechesinuisibles,
Enfantẽt par nos yeux les pleurs, sœurs des ennuis,
Comme les arbres font leurs fueilles & leurs fruits.
Ha, muse, tu taisois que la mere commune
De tous les animaux, triste de l'infortune,
Pitoyable, prenant de l'Vn compaßion,
Et, de l'autre, plaignant l'extreme paßion,
Produit, au mesme instant, du pur sang d'Hyacinte
Vne mignarde fleur, heureusement depeinte,
Et pour mieux faire foy du mal'heur nompareil,
Graua dessus la fleur les marques de son dueil,
Portant de son doux nom le piteux caractere,
Pour esleuer l'esprit à quelque beau mystere.

PLATTE PEINCTVRE de la maiſon du Pin.

V poinct que la claire Aube infuſoit parmy l'air
Mille douces vapeurs, & que d'vn rouge eſclair
Elle annonçoit le iour, & chaſſoit les eſtoiles,
Deſuelopant le ciel tout entouré de voiles,
Quand le Coq matineux, horloge du labour,
Saluë de ſon chant le pur-iauniſſant iour:
Ie deſſille mes yeux, moites de ma ſaliue,
Pour voir du blond Soleil la clarté douce & viue,
Et ſautant de mon lict, ie banny promptement
Le pareſſeux ſommeil qui m'alloit aſſommant,
Lors i'entens des oiſons la game interrompuë,
Des poules le cocqret, langue entr'eux recognuë,
Des cocqd'indes gourmands le langage turquois,
Des amoureux pigeons la murmurante voix,
Des cochons la voix roque: or ioyeux ie m'eſueille
Au concert des oiſeaux qui chantent à merueille:
Ie prens mon hocqueton, ou bien mon ſaye gris,
Bordé d'vn paſſement inuiſible, ſans prix:
Ie deſcends en la court, où ſont les graſſes poules
Qui grattent tant le iour qu'au ſoir elles ſont ſoules,
Leurs fourmillans pouſſins au langage affeté,

Et puis ie voy les Rois de ce peuple cresté,
Qui combattent ensemble en ceste cour champestre,
Monstrant qu'vn prince vnique au Royaume doit
estre.
Lassé de ce combat plein de temerité,
Comme on est amoureux de la varieté,
Oyant, des aignelets la voix & douce & pleine,
I'entre en la bergerie où mon plaisir me meine,
Ils bélent haut & bas, & font en ce discord
Recognoistre, sans art, vn agreable accord.
Puis ie laue mes mains à la claire fontaine
Qui se glisse au viuier sur la pierreuse areine.
Fontaine faicte d'art & naif & plaisant,
Qui soulage les pas de l'ingrat païsant.
Puis ie m'aßieds au bord du viuier aquatique,
Où nage le canart estrange & domestique,
Où Zephire s'esgaye, où en toutes saisons
Se glissent, par troupeaux, les bourbeteux oisons,
Où naissent en tout temps carpes en abondance
Par le frayer du masle, & mesmes sans semence.
Recreu de ce deduit, satisfaict & content,
Naist vn nouueau desir en mon ame, à l'instant,
Qui me meine au iardin où coule la fontaine,
Où, ie vay, d'Helicon, celebrer la neufuaine,
Où ie vay, les matins, me lauer par neuf fois,
Afin d'entretenir ma prophetique voix.
Ayant consideré la fontaine superbe
I'entre dans vne allee, & me iette sur l'herbe:
Ie voy de belles fleurs au parterre vermeil,
I'esly celles qui plus satisfont à mon œil:

Puis ayant admiré la fontaine argentine
Qui s'escoule au baßin, ie vais à la cuisine,
Ie tourne vn robinet, ie me laue la main,
Ie prends vn peu de lard, vn quartier de bis pain,
Et i'entre dans le clost que le Louche on surnomme,
Là ie ne perds le temps à mascher vne pomme,
A gouster vne poire, ou quelque fruict nouueau:
Mais ie contemple, seul, le sain-foin du preau,
Du verd-pré bigarré de mille fleurs diuerses:
Ainsi, d'aise rauy, me couche à la renuerse
Sur la fraiche herbelette, où le belier cornu
(Tant elle est belle à voir) n'est encores venu
Brouter l'escorce tendre, où mesmes les fleurettes
N'ont encores senty les douces bouchelettes
De l'auette qu'on dit estre fille du ciel,
Faisant, par son moyen, le doux-vtile miel:
En passant ie diray que la soigneuse Aueille
Est à l'esprit humain vne rare merueille,
Elle honnore son Roy qui n'a point, ce dit-on,
(Tant belle est la douceur) de piquant aiguillon.
Lors voyant dans ce clost tant de nouuelles entes,
Ie dis, (ô beau verger) hé que tu me contentes,
Verger, tu n'as brin d'herbe, ou de foin, ou de fleur,
Qui ne vaille vn lingot à la iaune couleur,
Si cil qui vit content en richesses abonde,
Ie suis, en vous voyant, le plus riche du monde:
Beau pré, car mon esprit ne souhaitte autre bien,
„ Qui desire tousiours il ne possede rien.
Ayant bien admiré ceste pree accomplie
De couleurs, & de fleurs, & de parfums remplie,
Pour

Pour fuyr les regards du ſoleil radieux,
Ie deſcends en l'obſcur d'vn valon gracieux,
D'vne ſecrette allee où la fraiſcheur domine,
Où le brulant archer fixement ne chemine,
Car elle eſt deſſous terre, & pluſieurs arbriſſeaux
Vmbragent ſon berceau de leurs brãchus rameaux.
A coſté de ce lieu ſe releue vne allee
D'entes, arbres fruictiers, richement accolee,
D'où le beau ieune bois ſe peut apperceuoir,
Qui ſera quelque iour fort agreable à voir.
Delà ie vais errant par les herbeuſes ſentes,
I'eſmonde, en me iouant, ce qui nuit à mes entes,
Et tout le ſuperflu des arbres d'alentour,
Et puis ie m'en retourne en la rurale cour,
Riche cour nourriciere, & qui meſmes ſurpaſſe
En bonté, ceſte cour, qui tous vices embraſſe.
Viuãt aux cours des Rois, on meurt cẽt fois le iour,
Mais, en toy, chere cour, l'aage nous ſemble cour:
Ceux de la cour Royale en vn duel s'appellent:
Et ceux de ceſte cour qui bondiſſent & belent,
S'entrechoquent l'vn l'autre, & s'eſcornent ſouuẽt,
Leurs paiſibles debats ſe terminent en vent,
Mais vn rien à la cour, où l'homme de bien trẽble,
Enfante la querelle & la mort tout enſemble.
En la mondaine cour ſe couue inimitié,
En celle-cy, des œufs, & parfaicte amitié.
Les fumiers qui ſe font des vaſches domeſtiques
Pour la terre abonnir, ſont des cheres reliques:
Les chaleureux pigeons, & les brebis encor
Confiſent du fien qui vaut ſon peſant d'or.

Contemplant de ma sale vn parterre estimable,
Ie hume le doux air d'vne veuë agreable,
Puis ie voy dans la Cour les genisses qui vont
Sucer les gras pastis, comme leurs meres font,
Nourrices qui de laict fecondement regorgent,
Et qui, leurs trayans veaux, debonnaires, engorgẽt.
Peu apres i'apperçoy le Taureau furieux
Qui caresse vne vache, & luy faict les doux yeux.

Ha! quel plaisir de voir nostre troupe folette
Qui broutte, sans arrest, la perleuse herbelette!
Quel aise d'engloutir vn quartier de pain bis,
Voyant vn doux aigneau qui tire sa brebis,
Sa brebis qui l'alaitte, enseignant à nature
De n'espargner aux siens l'humaine nourriture:
Que vo⁹ estes heureux, petits veaux noueau-nez,
O tendres cochonnets, n'estes-vous fortunez?
Las! au moins vne truye a de vous quelque cure
Et, comme à des goulus, donne ample nourriture.

Mais entre les humains ne regne aucune loy,
Auiourd'huy nous viuõs & sans regle & sãs foy.
On se bousche les yeux pour ne voir la misere
De son proche affamé, qui, nud, se desespere.

Apprenons desormais, mondains, à faire ainsi
Que font les oisillons qui n'ont autre soucy
Qu'à voleter par tout pour chercher nourriture,
Aux petits empochez de la douce pasture
Qu'ils trouuent, furetans en mille lieux diuers.

Heureux l'homme qui voit ses lauriers toujours verde
Croistre de iour en iour, & graue sur leurs fueilles

Les louanges de Dieu, le pere des merueilles.
Heureux qui se promeine en sa petite cour,
Dont les toits sont couuerts de chaume tout autour.
Le tonnerre esclattant esloigne les logettes,
Les royales maisons y sont plustost subiectes.
Dessous vn humble toict, en chacune saison
Le somme semble doux, on n'y craint le poison,
Que volontiers aux Rois sommeillans, on prepare,
C'est le lieu du silence, vn tantare, tantare
Ne resueille en sursault les hommes à minuit.
Heureux qui fuit la cour, & le vilage suit,
Y plantant, curieux, des entes, pour memoire,
Dont vn iour ses nepueus luy donneront la gloire.
La Cour a pour visage vn masque contrefaict,
Elle parle de tout, ne met rien en effect,
La Cour pleine de fard, vaine, effrontee & chiche,
Fait mourir l'indigent, & destrousse le riche.
En Cour tout est confus, tout chemine à l'enuers,
On n'y cognoist la feste & dimanches diuers,
Que lors, que, paresseux, dans le somme on se pasme,
Et que l'on voit le fard luire au front de Madame,
Qu'on ioue apres disner, consommant tout le iour
Aux plaisirs de la gueule, aux delices d'amour.
Mais aux festes, aux champs, le pain benist s'y donne,
On pare les Autels, sans cesse on carillonne,
Les festes on commande, & monsieur le Curé
D'vn surplis venerable & de chape, paré,
Explique aux laboureurs la tressaincte euangile,
Sans art, fidelement, & leur est fort vtile,

Il reprime le vice, & plein de pieté,
Sur tout leur recommande & paix & charité.
Et puis apres disner les naïfues fillettes
Vont trepigner au bal les moles herbelettes,
Passant ainsi le cours de leur ieune saison,
En tenant compagnie à leur pere grison.
Heureux cent & cent fois qui son iardin defriche,
Et deuore, sur l'herbe, vn fromage, vne miche,
Et sans se soucier d'vne illustre maison,
Mange le cochonnet & la poule & l'oison,
Paisible, en son hostel que son chien tres-fidele
Prend le long de la nuict en sa seure tutelle,
Fortuné le grison qui passe ainsi ses ans,
Blanchissant poil à poil, autour de ses enfans,
Où sa foible vieillesse encore se contente
D'entreuoir les beaux fruits que la nature enfante.

EGLOGVE.

IANOT pasteur, FLORIN pescheur, CLAVRIS berger.

IANOT.

A l'Aurore se leue, & Phebus sous-riant
Viēt faire son entree en l'Indique Orient,
Déja les oisillons par ces forests iargonnent,
Et, chātres de nature, à qui mieux mieux fredōnēt.
Ia le prince cresté a chanté par deux fois,
Mesmes i'oy le bouuier corner à haute voix:
Que fay-ie, paresseux, sur ceste molle paille?
Quentine, Marion, debout, debout canaille,
Qui vous rend accroupis dans ce lict casanier?
(Sourdauts) n'oyez voꝰ point le haut cry du meusnier?
N'oyez-vous le vascher? il faut donc que ie lasches
Moy-mesme les pourceaux, les boueaux & les vasches:
Appellez-moy Tout-blāc, appellez moy briffaut,
Belot & mon Barbet qui iamais ne me faut:
Ca du pain, ça du lard que i'emplisse mes poches,
Car i'iray boire à mesme à ces fontaines proches.

Allons mes beaux moutons, brouter les gras pastis,
Marchez douces brebis, allons grossir le pis,
Venez faire du laict pour donner nourriture
A vos blancs aignelets, la douceur de nature,
Allons braue Tout-blanc, ie te vois estendu,
Veux-tu t'anonchallir sur ce fien my-fondu?
Allons paoureux beliers, allons laictieres cheures,
Vos cheureaux mouchetez il est tẽps que ie seures,
Voyez les sautelans sur ces tertres herbus:
Ha! quel contentement de voir ces boucs barbus
Courtiser ces brebis, & se donnant carriere,
Se heurter, se tourner, puis deuant, puis derriere:
Ces tendres aignelets qui grattent le pastis,
Voyez ce grand cheurueil, voyez ces deux petits:
Voiez ces deux poulains, qui pieds liez, bondissent,
Ces deux boucs haletans, qui, fermes, se roidissent.
Voyez, cheres brebis, ce combat amoureux,
Cestuy liure l'assaut, cet autre fuit paoureux.
Donnez treue aux debats, limitez la carriere,
Et paissez d'appetit, ceste herbe nourriciere,
Non, ne l'espargnez point, plus en naist vne nuict
Que n'ẽ broute, en huit iours, la troupe qui me suit.
Mais i'entreuoy quelqu'vn, qui, chãtãt se promeine
En ce prochain valon d'où sourd vne fontaine,
Vient-il point du costé du riuage Marnois:
C'est quelque bon pescheur, & croy que le cognois,
Il a tous ses engins, & les rets, & la ligne,
Du patient pescheur le plus asseuré signe.
Il me semble qu'il vueille accoster cet ormeau,
Mesme il vient d'essuyer son resonant pipeau,

Si ie voy qu'en ce pré, sociable, il s'amuse,
I'haleineray ma voix dedans ma cornemuse.

FLORIN pescheur.

Pasteur, ie m'aduanture à te dire bon-iour,
Ie croy bien que tu fais en ce pays seiour,
N'es-tu point du Pinot, cinq lieuës du petit monde
Où le grand Henriot en grands troupeaux abonde?
N'es-tu pas ce Ianot qui remplis tous ces champs
De bœufs & de moutons, & de lyriques chants?

IANOT.

Ianot est mon vray nom, Pin t est mon village,
Pã est mõ seul Seigneur, & trẽte ans, c'est mõ aage.
Le grand Roy de la mer preserue ton basteau
De l'orage des vents, de la fureur de l'eau,
Soit aux riues de Marne, ou de la mer extreme,
Qu'en peschant ton poisson tu te sauues toy-mesme.

FLORIN.

Pasteur, sçaches mon nom, ie me nomme Florin,
Ie n'ay iamais pesché dedans le flot marin,
Et n'ay pas mesmement la grand' mer recogneuë,
Sinon de la distance où tend l'humaine veuë:
Ie suis pauure pescheur sur le fleuue Marnois,
Ie suys, heureusement, le train du villageois,
Ie suis garny d'engins, & de ligne & de lesche,
Ie prens quelque poisson, & ie vis de ma pesche,
Ie tends les reths subtils, & le croche hameçon,
Ainsi ie les attrape en diuerse façon:

Ie fay glisser sur l'eau, mon batteau gaigne-vie,
Cet humain cours volant, escoulant sans enuie.
I'ay ma basse logette, où ie serre mes reths,
Enuiron deux cens pas du chasteau de Forests.
I'ay quarante ans passez, & deux petites filles
Sous l'aile de la mere, à pescher bien habilles.
Toy, superbe Ianot, tu fourmilles en biens,
Tes biens sont infinis, & tu vois tous les miens,
Tu vis, riche, à ton aise, & moy, pauure, n'ay cure,
Qui, demain, me donra l'humaine nourriture,
Mal-heureux est celuy qui s'en tourmente aussi,
Le diuin pouruoyeur, pour nous en a soucy.

IANOT.

O bien-heureux Pescheur, heureuse ta fortune,
Qui, te voyant dormir, ton repos n'importune,
Tu dors, gentil pescheur, tandis qu'ambition
Agite les grands Rois d'ardente passion :
Cepēdant qu'vn seigneur, aux honneurs, se dispose,
Aspire aux grands tresors, heureux, tu te repose,
Las! ainsi faisons nous: & parmy ces beaux chãps,
Esloignez du commun, nous fuyons les meschans:
Nous suyuons l'innocence, & francs de toute enuie,
Rendons paisiblement les abbois de la vie.
Les Rois sont au palais sous vn daix diapré,
Nous foulons, libertins, les herbages d'vn pré.
Les Rois sont assistez de mille halebardes,
Nous sommes entourez de mille fleurs mignardes,
Bien souuent les palais sont comblez de douleurs,

Icy le miel coulant succre les belles fleurs,
Le foudre estincelant tombe sur les montagnes,
Et la douce bruine arrose les campagnes:
Dans vn palais fourmille vn tourbe qui bruit:
Que nous sommes heureux! le silence nous suit,
Celuy suit la vertu qui suit le train champestre,
Puis que, toute vertu, le silence fait naistre:
Sans toy, silence doux, tous nos pensers sont vains.
(Pensers vrais truchemens des mysteres diuins)
Vous nous faictes comprendre en l'esprit des merueilles,
Qu'on ne peut conceuoir par les promptes oreilles,
Ny mesme par l'effort des cinq sens naturels.
„ Heureux qui peut dompter ses desirs corporels,
„ Et des almes pensers du cœur plein d'innocence,
„ Visite incessamment le lieu de sa naissance.
C'est assez, donnons fin à ces graues propos,
Florin, pren ton flageol, & si tu es dispos,
Enflons la cornemuse, & faisons vne danse,
Nous verrons nos aigneaux sauteler en cadence.
Cessons aucunesfois, & reprenons souuent,
Cesse, ie te supplie; ah, ah, ie perds le vent:
L'autre iour vn grãd loup me vit dans ceste plaine,
(Ne t'en estonne point) il me huma l'haleine.

FLORIN.

Cessons, car i'entreuois vn berger dans ce bois,
Arraisonnant d'echo la repliquante voix:
Il s'approche de nous auec sa troupe blanche,

Ie le voy, ie le perds, ie le vois, il se panche,
Pour nous enuisager d'entre ces deux ormeaux,
Qui paroissent à l'œil, & si droicts & si beaux,
Que la chaste Daphné, d'Apollon tant aimee,
N'eust mesmes desdaigné d'y estre transformee.
Le vois-tu (mon Ianot) prés ce charme branchu,
Il porte pour houlette vn beau baston fourchu
De buis, enuironné d'vne viue graueure,
Dont l'art tres-excellent fait honte à la nature.

IANOT.

Ie le voy maintenant: vn blond crespe mollet
Ne faict or' que friser son menton rondelet:
Il porte son doux luth en guise d'vne gaule,
Tantost dessous le bras, tantost dessus l'espaule.
,, Le Luth, vnique Roy de tous les instrumens,
,, N'enfante des plaisirs, mais des rauissemens.

CLAVRIS ieune Berger.

Ne vous destournez point (beaux pasteurs) ie vous prie,
Chantez, esbattez-vous sur l'herbette florie,
Ie ne suis pas venu pour troubler [illegible]epos.

IANOT.

Doux-aimable berger, tu viens tout à propos
Pour rendre le concert d'autant plus admirable,
Car ie te voy gentil & d'humeur sociable.

CLAVRIS.

Ha! qu'il fait bon icy, que d'arbrisseaux diuers,
Que pures sont les fleurs, & les herbages verds,
Que l'air y est serain, que la plaine est vnie:
Vn Zephir y souspire vne odeur infinie:
Ce beau lieu nous inuite à charmer dans ces châps,
Les eaux & les rochers de nos airs allechans.

IANOT.

Berger, nous passerons ce beau iour pacifique
A conter sa fortune, à faire la musique,
Mais de grace dy moy le nom de ce hameau,
Où loge le buron de ton ieune troupeau.

CLAVRIS.

Ie suis, braue pasteur, du Pinot beau vilage,
De mille pas d'icy distant, & dauantage.
Ie me nomme Clauris, veux-tu sçauoir comment
Ie meine ces brebis? pour mon contentement.

IANOT.

Clauris, en mesme bourg nostre troupeau repose,
De moy, de mon buron, selon ton gré dispose:
Nous aurõs ce bon-heur de nous voir tous les iours:
Repren, gentil berger, le fil de ton discours.

CLAVRIS.

Sçache, benin pasteur, & toy, pescheur fidele,
Que i'ay long temps erré par la Cour infidele,
Par ceste indigne Cour, où regne le discord,
De tous vices la vie, & des vertus la mort.
Cognoissant que mon cœur desdaignoit les delices,
Des courtisans lascifs, de tous maux les complices:
Voyant que la vertu traisnoit l'aile à tout pas,
Et que tout se faisoit sans reigle & sans compas,
Que l'on laschoit la bride aux vices execrables,
Refrenant à l'enuy les vertus plus louables.
Mon penser conferant auecques mes desirs,
Sceust distraire mon cœur de ces mondains plaisirs,
Mon cœur à mon esprit annonçant son enuie,
Ie quittay de la Cour la languissante vie:
Deslors chãgeant d'habit, d'humeur & de seiour,
Heureux vins habiter la pastorale Cour,
Où de peu de deniers qui me restoient encore
Achéptay ce troupeau qui ce ver-pré decore:
Lors ie vy bien content, loin des vaines erreurs,
Et i'abhorre l'estat des graues Empereurs,
Des Monarques, des Rois, qui souuent voudroient estre
De la condition d'vn pastoureau champestre.

FLORIN.

Quand ie te voy si beau, pasteur, quãd ie te voy

Tenant ce luth mignard qui charme tout esmoy,
Me semble que ie voy, tant ton œil me delecte,
Ce pasteur qui en sceptre eschangea sa houlette.

CLAVRIS.

Pescheur, ie te diray, dés l'aage de dix ans,
(Mon pere Robertet ayant plusieurs enfans)
I'apprins ce doux mestier, & celuy de la Muse,
Où pour me contenter quelquesfois ie m'amuse,
Si bien que dans ces bois sur les arbres diuers
Ie graue, en m'esgayant, dans l'escorce mes vers,
Ie les dis aux echots, les echots aux montaignes,
Les montaignes aux eaux, & les eaux aux campaignes,
Ainsi i'appren mes airs, & mes basses chansons
A mes douces brebis, aux arbres, aux buissons.

IANOT.

Beny soit le moment du iour qui m'a veu naistre,
Puis que le sort me faict ce bien de te cognoistre:
Nous coulerons le temps au son des chalumeaux,
Nous entrecherissant comme font deux iumeaux,
Ie mesleray ma tourbe auec ta belle troupe,
Tes biens auec les miens, ta souppe auec ma souppe,
Et si tu as à gré, nous viendrons tous les iours
Au murmur de ces eaux parler de nos amours.

ELEGIES.

CLAVRIS.

Ie le veux (mon Ianot) mon cœur te sert de gage,
Amy tu ne pouuois m'obliger dauantage.
Quel signe d'amitié, se vouloir, pour m'aimer,
D'vn amy tres-parfaict en frere transformer!

IANOT.

Allons en ma cabane, où le soupper s'appreste,
Pour terminer eu ioye vne si douce feste:
Allons, mon cher Florin, prendre nos passetemps,
Il n'appartient qu'à nous à se dire contens.

E penser d'vn amant n'abandonne son cœur,
Et le trenchant regret est son triste vainqueur,
Ie le cognois en moy qui repense sans cesse
A ma perte passee, à ma chere maistresse,
Pour qui tant de sanglots & tant de plaints diuers
Agitent mon esprit, & desolent mes vers.
O penser outrageux, vray motif de ma peine,
I'estois franc de tourmens, tu me remets en gesne!
Penser qui me reduis l'obiect deuant les yeux
De celle qu'on nommoit le miracle des Cieux:
Ah! penser, vain penser qui me fais plaindre encore
Ceste vnique beauté, cest esprit qui decore
Les champs Elisiens (ô penser rigoureux!)
Tu me desplais autant qu'au songeard amoureux
Tu donnes de plaisir, car la douce pensee
Qui son ame entretient, soudain prend sa visee
Vers le suiect aimé, quand priué de le voir
Des foibles yeux du corps, il ranime l'espoir,
Pensant à la beauté pour laquelle il souspire.
Faut-il renouueller mon languissant martyre?
Hé! pourquoy veux-ie encor rechanter mes douleurs,
Versant sur ce papier mes plaintes & mes pleurs?
Doit-on ramenteuoir vne peine passee,

Et la recacheter sur la mole pensee?
Non, non, les maux presens nous bourrellent assez
Sans se ressouuenir de nos malheurs passez:
Toutesfois elle estoit, en beautez, infinie,
Il ne faut donc que soit ma complainte finie,
I'ay les regrets en l'ame, & les larmes à l'œil,
Et le dueil m'ouurira la porte du cercueil.
Au poinct que ce Soleil abandonna le monde,
Le ciel versa des pleurs sur la terre feconde,
L'air estoit adombré d'vn noircissant brouillats,
On n'entendoit que cris, & que piteux helas!
La Seine lamentoit, l'immortelle Nauonde
Troubloit de ses souspirs le cristal de ceste onde,
Les Sœurs, au desespoir, erroient parmy les bois,
Et rechantoient son nom d'vne funebre voix:
Les Charites courroient & par monts & par riues,
Annonçans leur regret par leurs chansons plaintiues:
De desplaisir Diane en brisa son carquois:
Et l'Amour, qui commande aux Princes & aux Rois,
Abandonna sa Cour, & quitta son Empire
Pour l'horreur des deserts, où, dolent, il souspire.
Depuis ce triste iour Palas n'a reposé,
Cipris a son cercueil de ses pleurs arrosé:
Les Pasteurs, qui suiuoient leurs douces camusettes,
Ne chãtoient à l'instant que tristes chansonnettes.
Si doncques chacun a deploré mon malheur,
Ne suis-ie pas esmeu d'vne iuste douleur?
Amant infortuné, ta liberté perdue

T'est

T'est malheureusement par le destin rendue!
Ah! serue liberté, viens-tu pas me reuoir,
Pour m'asseruir aux maux, & pour me deceuoir?
Le ioug qui m'asseruoit m'estoit doux & non rude,
Et telle liberté m'est vne seruitude.
A quel poinct desastreux helas! suis-ie reduit!
Le Soleil qui pour tous par tout clairement luit,
Ne verse plus sur moy sa plaisante lumiere:
Le iour m'est vn tenebre, & la nuict sommeillere
Destinee au repos des humains oppressez,
Rengrege les douleurs de mes esprits lassez:
Si ie suis en mon lict, ie plains & me lamente,
Mon lict est espineux, & mon ame dolente
Ployable à ce regret, veut suiure sa moitié:
Hé! qui de mes clameurs n'auroit quelque pitié!
Quel antre, quel desert, quelle grotte sauuage,
Quel cauerneux rocher, quel escarté riuage
Me faut-il rechercher pour tesmoins de mes pleurs?
Tout est sourd à ma voix, muet à mes douleurs,
Tout se rid de mō mal, tout de mes plaints se moque
Le desespoir naissant tous mes esprits suffoque.
Dieux! où sont ces momens, ces instans bienheu-
reux,
Tous ces contentemens, ces plaisirs langoureux?
Où sont tant de baisers, & sauoureux delices,
Tant de moites regards, & tant de doux supplices?
Au poinct que cet Amour qui commande aux
amans
Nous rendoit bienheureux, affranchis de tourmēs,
Au poinct que de ses feux il animoit nos ames,

Brulans egalement aux amoureuses flames,
Au poinct que ie croyois mon heur estre asseuré
Pour iouir de ce bien que i'auois esperé,
Le destin enuieux d'vne telle fortune
Brisa ce doux espoir d'vne main importune,
Et me martyrisant d'vn outrageux effort,
Me fit ores sentir les peines de la mort,
Me priuant de tout bien, me comblant de detresse,
Cruel il me rauit mon cœur & ma maistresse,
Maistresse que ie veux à iamais regretter,
Car l'vnique regret me pourra contenter:
Ah, quel contentement! la plus viue constance
Dont mon cœur est saisi, vers la parque m'eslance.
Las! il faut que ie meure, hé, suis ie encor viuant!
Non, non, mon corps lãguit, mais mon esprit suiuãt
Ce bel esprit là haut, dit que les belles ames
Ne suruiuent iamais au suject de leurs flammes.
Auant que de mon bien, le radieux Soleil,
Marquast son occident aux ombres du cercueil,
Auant que ma Deesse abandonnast la terre,
Pour le sejour du ciel qui dignement l'enserre,
Pour mouuemens derniers de sa lãgue & ses yeux,
Me regardant, me tint ces propos gracieux;
Elle me dit ainsi, la parole mourante,
Las! il faut que de toy (ma moitié) ie m'absente,
Il faut qu'à mon regret ie te quitte (m'amour)
Mon cœur guinde son vol au celeste sejour,
Car mon corps desolè, tout desnué de force,
Me presse de partir, & ma langue s'efforce
De proferer ces mots, Ie me deuls, non de quoy
Ie change de seiour, la mort (mon doux esmoy)

Außi sera ma vie, & le ciel la demeure
De mon ame fidele, helas! mais tu demeure
En vn val de miseres, vn mal me fait mourir,
Te voir, & ne pouuoir, mon cœur, te secourir,
Te laissant veuf de moy, tu finiras ta vie,
Souspirant tristement ta maistresse rauie:
Et me prenant la main, trois fois me la serra,
Lors de nouueaux regrets mon ame s'empara,
O poignant souuenir qui iamais ne s'efface!
En pensant luy parler ie tombay sur sa face:
Garde bien ce baiser (dit-elle) me baisant,
Et qu'il aille ton dueil (petit cœur) appaisant,
Il faut quitter le monde: Heureux on ne peut dire
Aucun auant la mort: le destin ne peut nuire
A ceux qui sont couchez au tombeau paresseux,
Mais le monde est semé de tout mal angoisseux:
Las! ne souspire point (chere part de ma vie,
Qui par ce doux souspir m'est doucement rauie.)
A ce mourant souspir, à ce dernier adieu,
Ie tombay demy-mort, & ie remply ce lieu
De mes piteuses pleurs, en extase, impaßible,
Ayant l'esprit touché d'vn regret trop sensible:
Puis reuenant à moy de ceste pasmoison,
Ie fis vœu de n'entrer iamais en la prison
Des yeux d'autre beauté: Comme la Tourterelle
Plaint sur vn arbre sec sa compagne fidele,
Comme elle meurt ainsi veufue de ses amours:
Ainsi ie traisneray le reste de mes iours,
Regrettant ma maistresse, & n'auray nulle enuie
D'aimer vne autre Dame en ceste instable vie.

MAISTRESSE, ie te prie, escoute le suject
Qui te fit de mon cœur le seul & doux obiect,
Escoute comme amour, qui nos desirs enflamme,
Me tenoit garroté dans ma premiere flamme,
Ayant liuré mō cœur prisonnier aux beaux yeux
Qui n'ont apres les tiens leurs pareils sous les cieux:
En bref ie te diray quels estoient nos delices,
Nos passetemps d'amour, & nos beaux exercices,
Et comme Cupidon pour moderer l'aigreur
De nos futurs ennuis, nous paissoit de douceur.
Ceste Nimphe estoit ieune, & Susanne s'appelle,
Aussi douce que chaste, aussi chaste que belle,
Et son esprit qui fut l'obiect de mon soucy,
Est de toute beauté le portraict raccourcy;
C'est, pour le faire court, le sainct & le vray tēple
De la perfection, le modele & l'exemple
De toutes bonnes mœurs, & de toute vertu,
Aussi de toute grace il sembloit reuestu.
Mais ceste belle fleur alors me fut rauie,
Que ie pensois cueillir les doux fruicts de la vie:
„ Quand on pense iouir de son bien esperé,
„ C'est ores que l'amour le rend desesperé.
I'esperois de gouster du fruict de mon attente,
Ia goustant la douceur que premiere il presente,
Ores il me naissoit maint amoureux desir

Que ie rendois esteint par l'aise du plaisir,
Tantost ie m'appuyois dessus son beau visage,
Sa main pour m'arrester tissoit nouueau cordage,
De sauoureux baisers mon cœur se repaissoit,
Et maint autre desir à l'enuy renaissoit,
De succer les douceurs de sa mignarde ioue,
Tantost ie la baisotte, & tantost ie m'y ioue,
Enyurant tous mes sens de maints friands appas,
Par ses yeux esprouuant cent mille doux trespas.
Puis demy furieux, pour mes desirs esbatre,
Ie baisois son blanc sein, & sa gorge d'albastre,
Ores en folastrant ie glissois à taston
Auide de plaisir ma main sur son teton,
Et puis ses blonds cheueux, folet, ie venois mordre,
Puis i'y faisois cent nœuds, puis ie les voulois tordre
Et puis les frisotter, & ne prenois plaisir
Qu'à complaire, folastre, à son ieune desir.
Mais côme de l'amour fieureuses sont les flames,
Et comme ses plaisirs s'enuolent de nos ames,
Deslors de nostre amour le desduit effrené
Soudain s'esuanouit ainsi qu'il estoit né:
Amour à des tourmens rend nos ames subiectes,
Et les fait consommer au feu de ses sagettes:
Amour n'est Dieu d'amour, c'est vn Dieu de malheurs,
Son plaisir s'alanguist auprés de ses douleurs:
Amour est vn enfant de peruerse nature,
Amour est vn archer qui tire à l'aduenture,
Amour pour vn penser nous fait noyer en pleurs,
„ Amour est vn serpent que l'on couure de fleurs,

Ainsi ie dis adieu à l'instable fortune,
Qui ia commençoit d'estre à mon ame importune,
M'ayant auparauant appasté de douceur,
Pour me monstrer l'effort de son bras punisseur
En me precipitant du plus haut de sa rouë,
„ Celuy peut bien danser à qui fortune iouë.
Ie prins infortuné congé de tout bonheur
Pour me donner en proye au funeste malheur:
Ceste beauté naifue accomplie & parfaicte
Ores commença d'estre à la douleur subiecte,
Elle qui de ses yeux rasserenoit le iour,
Qui, constante, essuyoit les larmes de l'Amour,
A l'instant ie muay mes yeux en deux fontaines,
Qui distiloiēt des pleurs, les tesmoins de mes peines.
Alors ie me trouuay comblé d'affliction,
Qu'on parloit de la mettre en la religion,
Où elle est, la pauurette, ayant son pere enuie
Qu'elle y coulast les iours de sa dolente vie,
Ce qui fut arresté: mais auant que partir,
Fidele elle me vint sanglottant aduertir
De ce triste depart, me parlant en la sorte,
Les yeux cauez de pleurs & la face mi-morte;
C'est à ce coup (mon cœur) qu'il faut que malgré moy,
Maudissant mon destin, ie m'esloigne de toy,
C'est maintenant qu'il faut que mon cœur fonde en larmes,
Opposant mes souspirs à ces tristes allarmes:
O parens sans pitié, peut estre quelque iour
Verray-ie heureusement reünir nostre amour!

Adieu mon bel obiect, adieu chere pensee,
Adieu pour qui ie meurs, & mon ame est blessee,
Adieu mon bien, mon tout, seul & premier soucy
De mon cœur amoureux, & le dernier aussi.
Oyant ces tristes mots, ie tombe sur ma couche,
Où pour dernier adieu, de sa plaintiue bouche
Elle me vint donner vn baiser qui rauit
Mon esprit hors de moy, qui soudain la suiuit,
Laissant le corps sans ame, & le cœur sans courage.
Ie te laisse à penser quelle excessiue rage
Mes pensers agitoit. Ie ne redis icy
Mes funebres discours, ny mes adieux aussi,
Ce seroit t'ennuyer, & ie ne pourrois mesme
Exprimer dignement ceste douleur extreme.
Ainsi ie fus deux ans à plaindre mon malheur,
Me paissant de souspirs, de pleurs & de douleur,
Ie recherchois par tout les lieux plus solitaires
Pour lamenter ma perte, & mes passes miseres,
I'aimois & ie suiuois le troupeau deploré,
Et n'auois autre obiect que d'vn desesperé:
Lors estoit vn desert mon lieu plus desirable,
Et ie me complaisois à chercher mon semblable:
Et comme le malheur fut la mort de mon mieux,
Sa mort fut le tombeau de mes iours radieux,
Alors auoiẽt mes yeux fait naistre deux fontaines
Qui faisoiẽt aux amãs gouster l'eau de mes peines.
Errant, pasle & desfait, ie demeuray deux mois
Appellant demy-fol Susanne par les bois,
Mon ame de regrets sans treue poursuiuie;
Ainsi ie lamentay ma douloureuse vie,

Iusqu' à ce que tes yeux, doux obiects de mon bien,
Asseruirent mon cœur en vn second lien:
Lors ie te desdiay tous les vœux de mon ame,
Iurant de ne seruir iamais vne autre Dame:
Derechef ie le iure, & par le mesme Amour
Qui fit de mõ malheur renaistre vn plus beau iour:
Par tes cheueux dorez, les liens de ma vie,
Par tes astres iumeaux, des Dieux mesmes l'enuie:
Quand nous desesperons de tout humain bonheur,
C'est or' qu'à nos desirs s'asseruit le malheur:
„ Fortune au desespoir est souuent opportune,
„ Et le malheur fait place à plus belle fortune:
Ie le cognois en moy qui n'auois nul espoir
En la grace d'Amour, de iamais me reuoir,
Mais ce puissant archer, prince de mon courage,
Assubiettit mon ame aux loix de ton seruage.
Tien doncques ie te pri', bel astre de mon iour,
Mon desir immortel, & constant mon amour,
Extreme est ta beauté, ma paßion de mesme,
Ta grace est infinie, & mon amour extreme:
Et si croistre pouuoit ta parfaicte beauté,
Mon grand amour croistroit, & ma fidelité.

D'vne absence.

E blond soleil redore chacun iour
Cet vniuers, & Diane à son tour,
En se parãt d'vne robbe argẽtee,
Blanche, esclaircit la courtine voutee:
Les fixes feux, & ceux qui sont errans
Vont des hauts cieux le pourpris par-courrans,
Or' que la nuict a fait glisser en l'onde
Le clair flambeau qui descouure le monde:
Les iours ne vont les nuicts interrompant,
Et chacun est des deux participant:
Mais i'ay perdu la lueur agreable
De mon soleil, en vertus, admirable,
Qui d'vn seul clin de son aspect iumeau,
Precipitoit tous mes maux au tombeau.
Las! où luis-tu? astre de mon delice,
Pourquoy fais tu vne si longue esclipse?
Ne sçais-tu pas que, priué de tes yeux,
(Palais d'amour où loge tout mon mieux)
Ie suis aueugle, & mon cœur est sans flame?
Car sans tes yeux ie suis vn corps sans ame.
Comme le iour va deuançant la nuict,
L'astre brillant qui pour moy plus ne luit,
A deuancé ma presente infortune
De la douceur à tous amans, commune.

Mais dés le poinct que son œil admiré,
Se fust helas! loin de moy retiré,
Le sort, troublant le calme de ma vie,
Rendit aux pleurs ma lumiere asseruie,
Ma voix aux plaincts, & mon cœur aux ennuis,
Depuis mes yeux n'ont rien veu que des nuicts
Et des vapeurs de ma douleur extresme,
Car d'elle, absent, ie suis loin de moy-mesme.
Ah! que le ciel, & le destin fatal,
Sont animez (d'vn desir tout esgal)
Contre mon bien, qu'ils ont voulu seduire,
Pour au cachot du mal-heur me reduire.
O Ciel, par qui tant de flambeaux diuers
Rodent la nuict, le brillant vniuers,
O Ciel, par qui le soleil sort de l'onde
Pour esclairer le haut & le bas monde,
Par qui les nuicts donnent place aux beaux iours;
Fay que le sort, propice à mes amours,
Change l'horreur de ceste triste absence
Au doux aspect de la belle presence
Que ie regrette & plaincts à tout moment.
Lors orphelin de tout contentement,
Ma voix demande à mon cœur des complainctes,
Et mes discours ne sont que vaines plainctes.
Sans mes pensers, mon violent desir
M'auroit ja fait par la parque saisir,
Sans le penser, ie mourrois à toute heure,
Car mon destin ordonne que ie meure:
Mais vn espoir s'opposant aux rigueurs
De mon mal-heur, adoucit mes langueurs.

Comme la paix eſt douce apres la guerre,
Et le temps calme apres vn fier tonnerre:
Comme le iour ſemble aux humains plus beau
Apres que l'air a verſé ſon tonneau.
Außi le bien que i'auray (mon bel ange)
Faiſant du mal au bon-heur vn eſchange,
Sera plus doux qu'on ne peut exprimer;
Il faut ſouffrir pour dignement aimer,
Puis la douleur le plaiſir aſſaiſonne,
Et du trauail le repos on moiſſonne.
Face l'Amour que i'ay l'heur de te voir
Pour recueillir le fruict de mon eſpoir,
Sans luy mon ame au ciel ſeroit rauie,
Sans luy mes pleurs euſſent noyé ma vie,

S.L.B.D.M.B.

MY pour qui, ces vers, piteusement ie trace,
Pour qui i'aimois la vie, & pour qui ie trespasse,
Ie ne sçay si ie dois, ou louer, ou blasmer
Celuy, qui de ta mort vint mon cœur entamer,
Qui, croyant m'annoncer vn malheur veritable,
(Heureusement deceu) me rendit deplorable:
Lors ie tenois mon luth, sorcier des cœurs humains,
Charmé de la douleur il me tomba des mains,
Tout mon sang deuint trouble, & ma voix tremblottante;
Mes poulmons sanglottans, mon ame chancellante,
Mes yeux parauant clairs se grossirent soudain,
Comme on voit s'esleuer vn nuage marin.
Le funebre porteur de ce mal-heur extresme,
Me voulant consoler comme vn autre soy-mesme,
Me dit, pour moderer la pointe de mon dueil,
Celuy pour qui tu meurs ne repose au cercueil,
Ains viuant, en son lict: & quant à sa blessure,
N'en ayes nul soucy, car le ciel en a cure,
Il est son medecin, & le temps mesmement
Seruira de barbier & de medicament.
L'oyant ainsi parler, ma parole secrette

Seiche au creux de ma bouche, & mon desir volette
A l'entour de celuy qui n'est qu'vn autre moy,
Pour prendre la moitié de son fatal esmoy.
Soudain ie le vay voir, mais las! de quelle veuë?
Les yeux recreus de pleurs, & l'ame toute esmeuë,
I'approche de son lict, le cœur pasle & transy:
Hé (dy-je) en quel estat, amy, te voy-je icy!
Lors i'accoste sa ioüe, &, pasmé, ie frissonne:
Las! voila, ce dict-il, les fruicts que ie moissonne,
Le prix & le loyer de mes douces humeurs,
I'estois chery de tous, & toutes-fois ie meurs.
Quatre tigres felons ont quitté l'Hircanie
Pour esprouuer sur moy leur maudite manie,
Las! ils se sont seruis des tenebres espois
Pour exercer sur moy ce qu'on ne fait aux bois,
Aussi pour estre humains ils estoient trop enormes,
Ils paroissoient humains sous leurs hideuses formes,
Mais ie croy que le cœur qui flotoit dans leurs corps
Estoit d'vn cruel ours, ou d'vn serpent retors.
A temps i'enterrompis sa funebre parole,
Et plorant ie luy dis d'vne voix basse & molle:
Or' il faut (cher amy) ta pensee absenter
Du mal-heur que ta voix me veut representer,
Pour soulager vn mal qui nostre ame possede,
Il le faut oublier, & songer au remede:
Or celuy que l'on doit rechercher plus soudain,
Ne gist à se douloir, mais à te rendre sain.
Ie sçay que ton beau cœur tres-iustement desire
La prise des meschans qui te vouloient occire,

Des peureux chats-huäts, qui, l'ombre, võt suiuãt,
Fuyant, comme la mort, d'vn homme, le deuant;
Mais la mort de plusieurs, à qui l'ame est rauie,
Ne sçauroit restaurer, d'vn mort, la prime vie:
Vy donc, & te console, & croy moy que le sort
Ourdit secrettement la peine de leur mort:
Ia ils souffrent le mal, car vne telle engeance
Trouue lieu de seurté, mais non pas d'asseurance.
Helas! qui l'eust pensé, que ce terrestre val
Eust porté des mortels pour te vouloir du mal!
Vrayement, si ces mastins eussent veu sur ta face
Le ris & la douceur, le lustre de ta grace,
Bien que desnaturez, si n'eussent-ils pas pris
Vn pasle repentir, mais vain, à si haut prix:
Mais le ciel l'a permis, aussi quoy qu'il aduienne,
Il faut qu'incessamment de luy nous ressouuienne:
Effaçant les pensers de tes presens labeurs,
(Amy) pense à tes coups, doux traits de ses faueurs:
Entre tant d'ennemis, la grace supernelle
(Il le faut croire ainsi,) te sauua sous son aile:
Par sa permission le tout est aduenu;
Or le decret d'enhaut est à l'homme incognu:
Ne pensons à la perte, ainçois à la victoire,
Et des euenemens rendons à Dieu la gloire.

DE L'ESTAT DE LA FRANCE.

OMME cil qui flottant sur le dos de Neptune,
De ses biens, de sa vie, aiát couru fortune,
Par la faueur d'Eole, en fin arriue au port
Malgré les flots irez qui coniurent sa mort,
Lors se gabant du flot, du vent & de l'orage,
Se pensant reposer en ce calme riuage,
A peine a-il passé le sueil de sa maison,
Que deux ou trois sergens le meinent en prison:
Ainsi le sort cruel, sans luy donner haleine,
Le tirant d'vn peril, l'expose à ceste peine.
La France qui voguoit sur l'orageuse mer,
Serue des flots mutins qui pensoient l'abismer:
Ia desia se noyant aux ondes de la guerre,
Par la faueur celeste à la fin a pris terre,
Franche de ce peril, en benissant le sort
Qui la faisoit surgir à ce paisible port.
Mais entrant chez les siens elle a veu que l'enuie,
Infidele, leur a la liberté rauie,
A veu que sous couleur d'vn nom confit en miel,
On repaissoit leurs cœurs & d'absinthe & de fiel,
A veu l'estat des grands, & veu que l'on viole,
Infideles Chrestiens, ses vœux, & sa parole,
A veu que sous le pied on auoit mis la foy,

Qu'on n'obseruoit les poincts de la diuine loy.
France, que ie te plains, France, que ie deplore
Ton miserable estat, & ta police encore:
France, si tu sçauois ce que dit l'estranger
De l'humeur du François vacilant & leger,
Et ce qu'il dit de ceux qui tiennent la balance,
Mesmes de ceux qui ont sur toy toute puissance,
Helas! que dirois-tu? que ie plain tes mal-heurs!
France, ie le sçay bien, les communes douleurs
De tes tristes enfans te rendent esperdue:
France, que feras tu? ta franchise est perdue!
L'estranger est, chez toy, tousiours le bien-venu,
Le François est traitté comme quelque incognu:
France, qui te souuiens de ta perte aduenuë,
Quoy, de ton fils aisné, es-tu donc mescognuë?
Las! ce n'est plus toy-mesme: hé! n'auois tu assez
Enduré de trauaux en ces troubles passez,
Sans parmy ceste paix vaine, non actuelle,
Souffrir encor ce mal, qui tes maux renouuelle?
Mais quoy, ceste douleur te lime sourdement,
Toutes-fois ce mal sourd n'en est moins vehement
Au profonds de ton cœur, il agite ton ame,
France, tu n'en dis mot, c'est le mal qui te pasme:
Hé! quand vomiras-tu la peine qui te poind!
Plore, plore sans treue, & ne te lasse point:
Si tu sens la douleur qui iamais ne nous laisse,
Que ton cœur desolé, de souspirer, ne cesse,
Non plus que le malheur n'a fin à nous greuer:
Au milieu du repos, nous falloit-il prouuer
Ces penibles labeurs? nous ressemblons, ô France,

Le pelerin lassé, qui, ayant esperance
De prendre son repos dans vn lict, molement,
Des espines, la nuict, le resueillent, dormant:
Las! esperant trouuer repos à nos miseres,
On nous fait ressentir des poinctures seueres,
On nous presse, on nous pique, on succotte nos os,
Priuant le cœur de ioye & les sens de repos.
Si le ciel d'vn œil doux ne regarde la France,
Ses chetifs nourrissons viuent sans esperance
De se reuoir iamais au sein de liberté:
Las! ils sont alaittez du laict d'impieté.
Puißions-nous estre vnis comme freres ensemble,
Afin qu'au nom François toute l'Europe tremble.
O France, sans regret tu me verras mourir,
Si ie puis voir vn iour ce Royaume florir,
Si ie voy les petits aux grands faire seruice,
Si ie voy les plus grands faire aux humbles iustice.

F

A. M. C.

Epigramme.

Toute chose creée (ô seconde Ciprine)
A ta beauté s'encline,
Les flambeaux de la nuict qui brillent dãs les cieux
Cedent à la lueur de tes flammes iumelles:
Que dy-je, tu fais honte aux lumieres plus belles,
Tu as l'aube en la face, & le soleil aux yeux.

STANCES.

N fin pour bien aimer il faudra que ie meure,
Absent de ta beauté, sans ame ie demeure,
Priué de la clarté de tes astres si doux:
Au moins, pour ton suject, s'il faut que ie perisse,
Prononce ma sentence & m'enuoye au supplice,
Mais i'y suis à toute heure, où i'esprouue tes coups.

Quel tesmoin d'amitié n'ay-je produict (Madame)
Quel deuoir n'ay-ie fait pour asseruir mon ame
Et mes affections au ioug de ta beauté?
Quelle iniuste rigueur n'ay-je encores soufferte?
Quel inhumain tourment? n'ay-ie beny la perte
De mon fidele cœur, & sa captiuité?

Vn iour tu me donnas vne vaine esperance
De vouloir alleger en l'eau de iouyssance
Le feu de mon desir en mon cœur allumé,
Lors à la mienne estoit, ta passion, esgale,
Croyant te posseder, mais tu fus desloyale,
Ton cœur aux cruautez & se vit animé.

Et pour salaier ma peine, & ma constance,
Tu me voulus payer d'vne feincte impuissance,
D'vn refus à demy, d'vne excuse en effect,
Mais l'excuse n'a lieu qu'aux volõtez mauuaises,
Les bonnes n'en ont point, & peuuent à leurs aises
Leur deuoir obseruer, & rendre satis-faict.

Contre ma seruitude & que peux-tu produire?
N'as-tu veu mes discours aux vrais effects reluire,
M'as-tu rien commandé que ie n'aye obserué,
N'ay-je pris le refus pour faueur ordinaire?
Dy moy, que n'ay-je faict afin de te complaire,
Cruelle, & donc pourquoy suis-ie de toy, priué?

N'ay-je pour t'obeir desguisé mon langage,
Masqué mes passions sous vn ioyeux visage,
N'ay-je monstré l'effect contraire aux volontez,
Les propos, aux pensers, tous differens, de sorre
Qu'on me iugeoit content ayant l'ame my-morte,
C'estoit pour agréer à tes dignes beautez.

Et si cela n'a peu contenter ton enuie,
Permets (chère beauté) que i'immole ma vie
Pour office dernier de mon affection:
Beaux yeux princes d'amour, si ma mort vous contente,
Que ie suis fortuné! car ma peine s'absente,
„ Heureux celuy qui meurt au temps d'affliction.

Au poinct que Phœbé luit, le clair pere du mõde
Visite le palais de la Royne de l'onde,
Et la belle Aube annonce au matin son resueil:
Mais pour moy mal-heureux, est la nuict eternelle,
Tous mes plaisirs sõt morts, ma peine est immortelle

Mes yeux estans priuez des rais de mon soleil.

Au fort de tant d'ennuis si le sort fauorable
Mettoit fin à mes maux par la mort desirable,
Mais helas de mon bien les destins enuieux
Veulent que ie languisse, & m'ont osté les armes
D'espoir & de constance, il me reste des larmes
Qui, comme vne fontaine, escoulent de mes yeux.

Mais comme auec le temps vne pierre s'entame,
Et comme l'eau la creuse, à la parfin vne ame
Se mine, peu à peu, par l'eau de la douleur:
Ma douleur est cruelle, & ma peine mortelle,
Estant doncques mortelle elle n'est eternelle,
Elle peut prendre fin malgré tout le malheur.

Heureux! si le penser ne me suit au supplice
Pour me ramenteuoir quelque passé delice:
(Le plus grand desplaisir que reçoiue l'amant)
Ah! qu'il est plus fascheux de perdre ainsi sa dame
Apres auoir gousté des douceurs de son ame,
Que viure sans espoir, & languir en aimant!

Adieu beaux filets d'or où Cipris est cachee,
Beaux cheueux qui teniés ma pauure ame attachee
(Liens) vous m'estiez doux, rude ma liberté:
Adieu front esleué, belle table neigeuse,
Par qui mon ame fut à l'instant amoureuse,
Y ayant leu les loix de l'archer indompté.

Adieu iumeaux soleils, les prisons de ma vie,
Où mon ame estoit libre, & libre, est asseruie,
Beaux yeux dont les regards sont autant de doux traicts:
Adieu diserte bouche emprainncte en ma pensee,

STANCES.

Qui as le triste arrest de ma mort prononcee,
Adieu chers entretiens pleins d'amoureux attraits.
Adieu pomme iumelle, adieu mignarde iouë
Où mainte abeille vole, où Cupidon se iouë,
Adieu puissantes mains qui sceustes m'attacher,
A l'egal d'Apollon vous sonnez de la lyre,
C'est vous qui commandés sur l'amoureux empire,
Et sçauez mieux qu'amour des fleches descocher.
Et toy diuin esprit qui formes sa parole,
Las! ie te dis adieu, car mon ame s'envole
Dans les cieux annoncer le poinct de son resueil:
(Belle) si quelque iour quelque pitié te touche,
Tire vn accent plainctif du profonds de ta bouche,
Et de tes tiedes pleurs arrose mon cercueil.

A SA PENSEE.

Au retour de Florence.

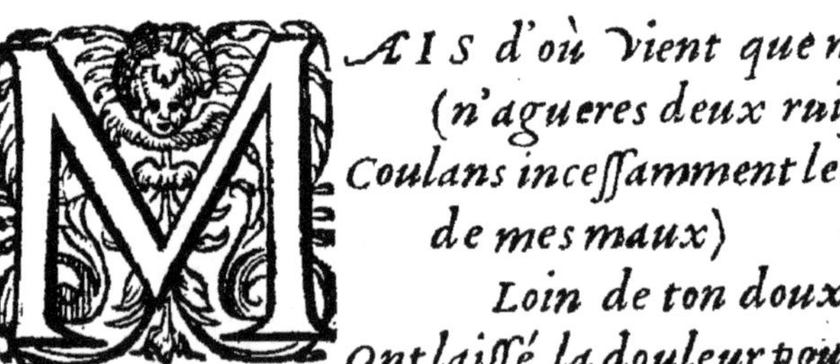

MAIS d'où vient que mes yeux
(n'agueres deux ruisseaux
Coulans incessamment les larmes
de mes maux)
Loin de ton doux empire,
Ont laissé la douleur pour la ioye
& le ris?
Les feux de tes soleils les ont-ils point taris
Pour finir mon martyre?
Hé! d'où vient que mon cœur agité de souspirs,

N'agueres regrettoit ses amoureux desirs,
Entretiens de sa vie,
Et nage maintenant sur la mer de douceur?
C'est qu'il gouste le suc qui part de ta faueur
Qui sa peine a rauie.

Qui vo⁹ peut esmouuoir? dites-moy (mes esprits)
De quel feu, de quel astre, estes vous donc espris:
Qui, vos forces rappelle?
Tantost ie vous ay veu, sans flamme, deffaillir,
Est-ce point que ses yeux vous ont faict rejallir
Quelque viue estincelle?

Heureusement pour moy le sort est inconstant,
I'estois tout miserable, & ie suis tout content
Prés toy (chere pensee)
Vn moment de repos me vaut cent mille ennuis,
Quand, fauory du Ciel, deuant tes yeux ie suis,
(Mon immortelle idee.)

Ha! que ie suis heureux! & la diuinité
Mesme enui'ra le bien de ma felicité,
Prés toy me voyant estre:
(Nimphe) ie veux finir auprés de tes beaux yeux,
Puis que l'on doit en gré prendre la mort de ceux
Qui nous ont donné l'estre.

EVT-ON imaginer vne chose si belle,
Hé! pourroit-on bien croire vne fille estre telle
Que celle que i'adore & ie crains & ie sers?
Helas on le peut bien, car en chose diuine
Est requise la foy, & l'esprit imagine
Des miracles des Dieux, des Cieux, & des enfers.

Cachez vous au respect de sa beauté diuine
(Beaux miracles mondains) la finale ruine
De ce rond vniuers, vous fera tresbucher:
Beauté fleur de ieunesse, est vray'ment perissable,
Son extreme beauté sera tousiours durable,
Le corps meurt, & l'esprit est au ciel tenu cher.

Diuins hostes du Ciel, lieu remply d'allegresse,
Hé! n'enuiez-vous point ceste belle Deesse
Qui faict honte aux rayons du cler-voyant soleil?
Quand, daignant honnorer le monde de sa veuë,
Elle ouure ses beaux yeux dont la couleur est bleuë,
Haussant son voile d'or, au poinct de son resueil.

Et vous cieux yuoirins de couleur azuree,
N'auez vous point rauy à ceste Citheree
Ses plus rares beautez pour vous en decorer?
L'yuoire & le cristal embellissent sa grace,
L'azur de ses beaux yeux colore vostre face,
Mais vous pouuez-vous bien à elle comparer?

Et vo⁹ tristes enfers pleins d'ennuys & de larmes,

Où les plaints & les pleurs sont les plus fortes armes,
Vous n'auez tant d'effroy, tant de feux ny d'horreur
Qu'elle a de traicts ardans dans ses yeux amiables,
Mais dautant qu'ils sont doux, ils me sont fauorables,
Elle est toute douceur, & vous toute terreur.

Les plus dignes beautez sont feintes auprés d'elle,
Il ne faut s'estonner, puis qu'elle est donc si belle,
Si le plus beau miracle à son respect n'est rien,
Si les Dieux, enuieux de sa beauté supreme,
L'admirent de tout poinct, comme vne chose extreme,
Les Cieux pour se parer ont emprunté son bien.

A MONSIEVR D'ANTIN ADVOCAT GENERAL DV Roy à Bourg en Bresse.

SPRIT enfant du ciel, le miracle des Dieux,
Ciel de perfection, sejour des belles ames,
De tes rares vertus les esclairs radieux,
Font naistre en vn moment mille immortelles flames.

STANCES.

Soit que tu coule (esprit) le miel en tes escripts,
Soit que ta graue voix annonce ta science,
Tu rends les plus sçauans de ta douceur espris,
Enyurant les esprits des eaux de l'eloquence.

Tu dis ce que tu veux, & mieux qu'humainement,
Qui peut, qu'en se taisant, exprimer ta louange,
Si le Ciel t'a donné, t'aimant extremement,
Le sçauoir de Mercure, & la parole d'Ange?

Où voles-tu, ma Muse, & quoy? ne sçais tu pas
Que ce brillant soleil sillera tes paupieres?
(Dit-elle) Ie le sçay, mais doux est le trespas,
Au prix d'estre priué de si douces lumieres.

Ce suject est si beau, que i'aime mieux mourir
Annonçant ses vertus, que viuante les taire:
Ie veux de Phaëton le destin encourir:
Vne haute entreprise aspire à grand salaire.

P. V. B. D.

QV'VN homme est fol d'aimer vne fiere beauté,
D'engager tous ses vœux, sa chere liberté,
Aux beaux yeux d'vn suject qui mesprise sa peine,
Celuy qui sans raison aime sans estre aimé,
Espere de l'amour d'vn roc inanimé,
Repaissant ses esprits d'vne esperance vaine.

Le desdaigneux Amour & les yeux que ie sers
Sont de mesme nature: Amour porte des fers
Dont les cœurs il attache, & puis il en dispose,
Amour est rigoureux, ses yeux pleins de rigueur
Portent des traits ferrez dont ils blessẽt mon cœur,
Cupidon & ses yeux sont vne mesme chose.

Chose estrange! ses yeux ont fait naistre l'Amour,
Et le veulent priuer des lumieres du iour,
Ils veulent meurdrir ceux à qu'ils ont dõné l'estre:
Helas! dois-ie esperer d'vne telle beauté
Que des glacez desdains, & que desloyauté:
Que sera-ce de moy si elle occit mon maistre?

Elle a le ris si doux, & l'œil si noir & beau,
Que si comme Venus elle auoit vn flambeau,
Pour elle on la prendroit, tant elle est agreable:
De Cipris elle peut differer d'vn seul poinct,

Ciprine a de l'amour, ma belle n'en a point,
Las! ce seul poinct la rend à mon dam dissemblable.
Plorant, desesperé, mon angoisseux esmoy,
I'esclatte mes hauts cris, mais se moquant de moy,
Dit qu'vn homme mi-mort, a foible, la parole:
Ie luy dy que tant plus que le foudre qui bruit
Est pressé de tomber, tant plus il fait de bruit,
Et qu'il en est ainsi d'vne ame qui s'enuole.
I'ay trop peu de feintise, & trop de paßion,
Elle a trop de beauté, & trop de fiction,
Son beau visage est doux pour tromper ma misere,
L'aspect de son bel œil est doux & gratieux,
Son langage adoucy, c'est pour me tromper mieux,
Douce n'est sa beauté qu'afin de m'estre amere.
De mille feux ardans mon cœur est le fourneau,
Où mon ame se brusle: Amour est le bourreau
Qui saccage, cruel, ma vie, en pleurs feconde,
Las! ie suis tout en feu, i'arderois tous les lieux
Par où passe mon cœur, sans l'humeur de mes yeux,
Et mesme sans mes pleurs i'embraserois le monde.
Mon Dieu, que le monde est redeuable à mes yeux,
Yeux qui l'ont rachepté de l'effort glorieux
Que leur brassoit mon cœur au moyẽ de ma flame:
Quel miracle! Mes pleurs qui peuuent amortir
Les feux qui pourroient tout en cendre conuertir,
Ne peuuent amortir ceux qui bruslent mon ame.
Si ie dis au Zephir, ton flair renforce vn peu,
Helas, souffle plus fort pour alleger mon feu:
Mes flairs ne peuuent pas penetrer dedans l'ame,

(Me dit-il) mais tu peux amortir ceste ardeur,
Ta Dame est tout de glace, elle n'est que froideur,
Va t'en donc la trouuer pour esteindre ta flame.
En vain ie presche Amour, il est sourd à ma voix,
En vain, aueugle enfant, archer porte-carquois,
Ie te monstre ma playe, & te conte ma peine:
Qui se plaint à vn sourd, il est bien malheureux,
Qui attend guarison d'vn poison dangereux,
Et qui suit vn enfant pour son vray Capitaine.
Belle, tous les desdains de vostre cruauté
Iamais ne pourront rien sur ma fidelité,
Et quand vostre rigueur auroit meurdry ma vie,
Toutesfois mon amour ferme demeureroit,
Toutesfois mon amour iamais ne finiroit,
Car estant immortelle elle est donc infinie.
Vos ingrates rigueurs m'eslancent au trespas,
Mais vos feintes beautez (belle) ne veulent pas
Que d'vn iniuste mort soit ma peine suiuie:
Belle, si la douceur a place en vostre cœur,
Donnez moy de l'espoir, ou que vostre rigueur
Borne cruellement mes peines & ma vie.

A. S. C.

HEVREVX le iour fatal où ton
astre vainqueur
Charma si dextrement mon ame
volontaire,
Heureux cent fois ce iour que ie fe-
ste en mon cœur,
Qui deslors à tes yeux se rendit tributaire.
Puisse l'Amour, autheur de l'estre des amours,
Qui donna, ce beau iour, à nos flames naissance,
Nos desirs de façon cultiuer tous les iours,
Qu'ils arriuent en fin en parfaite accroissance.
Ie voy dans tes soleils tant d'attraits gratieux,
Tant de douces beautez, obiects de l'esperance,
Que ie serois sans cœur, sans esprit ou sans yeux,
Si ie manquois d'amour, de vœux & de cőstance.

QVE me sert-il d'aimer vne Dame amoureuse,
Dont les yeux m'ont sceu vaincre & me rendre vainqueur,
Puisque pour m'affliger la fortune enuieuse
Me priue sans espoir des appas de mon cœur?

Il semble que le sort, aux ailes inconstantes,
Ait declaré la guerre à nos belles amours,
Desvnissant, cruel, deux ames si constantes,
Il borne du malheur de nos aises le cours.

Les cœurs (en faict d'Amour) qui ne peuuent atteindre
Au fruict de leur attente, au but de leurs desirs,
Ils meurent de regret, & ne font que se plaindre,
Tesmoin leur triste voix, leurs pleurs & leurs souspirs.

Mais ceux qui, fauoris d'vne douce maistresse,
Ignorent les desdains, les refus, le mespris,
(Ie dy ceux que sans fard, fidele, elle caresse)
Ne sont-ils pas de ioye heureusement espris?

Grand miracle qu'Amour monstre en deux belles ames!
Deux cœurs n'estant qu'vn cœur, sont subiects aux douleurs,
Ah! sort, ne sont-ce point tes violentes flammes
Qui nous ont suscité tant & tant de malheurs!

Non, ce n'est pas le sort, trop foible est la fortune

Au respect de l'Amour, de tout maistre en effect,
Non, ce n'est point Amour qui nostre aise impor-
portune,
Las! il ne voudroit pas perdre ce qu'il a faict.
Or pendant que mes plaints accompagnent mes
larmes,
Que ma voix va chantant la cruauté du sort,
Amour & le destin se liurent maints allarmes,
Mais helas! contre Amour inutile est l'effort.
Il faut dire qu'Amour se soit rendu ployable
Aux foiblesses du sort, pour puis mieux le saisir,
Ou bien qu'il vueille vn temps me rendre mise-
rable,
Disant que l'amertume est le suc du plaisir.

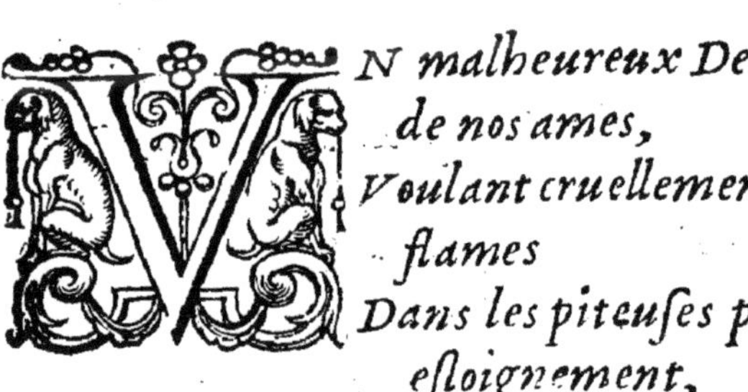

N malheureux Demon, ennemy
de nos ames,
Voulant cruellement aneantir nos
flames
Dans les piteuses pleurs de nostre
esloignement,
Helas! m'a faict couler vn siecle de miseres
En vn soudain moment,
Mais vn beau cœur ne cede aux fortunes ameres.
Il a de nos malheurs semé toute la terre,
Pour retirant nos cœurs de l'amoureuse guerre,
A des sanglant debats, cruel, les animer:
Ses enuieux desirs en fin n'ont peu distraire
Mon ame de t'aimer:

Mon

Mon cœur est plus constant en fortune contraire.

Ce funeste corbeau plein de ne sçay quels charmes,
Croassant nos malheurs, a souhaitté des larmes,
Las! il a veu nos cœurs distiler tout en eau:
Ie souffre constamment, pourueu que son repaire
Soit vn croisé tombeau,
Croyant que son destin luy garde vn tel salaire.

Sans toy ie ne voy rien qu'vne nuict solitaire,
Sans toy ie ne suis rien qu'vn esprit tout austere,
Qui se mire, pensif, à l'obiect de son cœur,
Ie suis le blanc du sort, & le sort imployable
Bornera sa rigueur,
Plustost que ie me die, en t'aimant, miserable.

Les plus fieres douleurs sont douces à mon ame,
Mon amour est sincere, & constante ma flamme;
En fin le sort lassé de me voir languissant,
Cognoissant ses rigueurs trop douces à ma vie,
Les ira finissant,
Et pensant m'outrager, changera son enuie.

IEV! qu'il est malaisé d'aimer & de se feindre,
De porter vn martyre, & n'oser pas le plaindre,
Hé! qu'il m'est ennuyeux de ne voir seulement
Les yeux qui m'ont blessé d'vn seul traict, d'vne œillade,
De n'oser requerir remede à mon tourment,
Malheureux est l'esprit, du mal d'Amour malade.

Beaux yeux, petits archers, qui m'auez rauy l'ame,
Las pourquoy m'auez vous faict sentir vostre flame?
Hé! que ne iugiez vous ne me pouuoir guarir!
Ces traistres yeux, ialoux du bonheur qui m'enuie,
Me font à tous momens, en languissant, mourir,
Mais pour mourir pour vous, que n'ay-ie double vie!

(Seul & cruel motif des langueurs de ma vie)
Meschant qui retenez ceste Nymphe asseruie
Soubs les barbares loix de vostre cruauté,
La cachant à mes yeux vous augmentez ma flame:
» Ores qu'on ne peut ioindre vne felicité,
» C'est alors qu'on la suit au peril de son ame.

Quand i'estois prés de vous, mon ame estoit contente,

Maintenant desolee, & toutesfois constante,
Encore qu'elle espreuue vn enfer de douleurs:
En m'esloignant de vous, ie voy couler ensemble
Mes iours infortunez, & la mer & mes pleurs,
Et d'autant plus au mort qu'au mortel ie ressẽble.
Belle, si quelquesfois quelque pitié te touche,
Fais que ton cœur inspire & tes yeux & ta bouche,
De couler quelques pleurs, & de me regretter:
Et comme mon amour se disoit immortelle,
Et ta perfection qui me sceust arrester,
Ie veux aussi que soit ma complainte eternelle.
Adieu liens d'Amour à la tresse doree,
Adieu beaux yeux pareils à ceux de Citheree,
Qui tant & tant de fois m'auez le cœur rauy.
Ie meurs, & mon esprit ne fait plus son office,
Si ie meurs, c'est pour viure, ——— si ie reuy,
C'est pour l'espoir que i'ay de te faire seruice.

Que l'Amour est vn bien à qui en vse bien.

CEVX qui chantent qu'Amour est vne frenaisie,
Qu'il ruine les estats, & brouille les citez,
D'vne aueugle fureur ils ont l'ame saisie,
Ou bien ses passions les rendent transportez.
Comme la vertu cherche vne humeur moderee,
Et ne veut qu'on l'embrasse auecques passion,
Ainsi l'Amour se loge en l'ame temperee,
Et veut qu'on soit constant en son affection.
Si ie chante en mes vers de l'Amour la louange,
Ce n'est pas que ie sois vn mignon de sa Cour,
La seule Raison veut (qu'on ne le trouue estrange)
Que ie sois aduocat de la cause d'Amour.
Amour est en nos cœurs vne force paisible,
Vne douce puissance & chere affection,
Vn extreme plaisir, vn tourment insensible:
Qu'Amour cause du mal, ce n'est que fiction.
Mais qui peut estre, icy, si louable & vtile,
Que l'vsage ne tourne en vn mal apparant,
S'il eschet au pouuoir d'vn esprit imbecile,
En la discretion d'vn fol, d'vn ignorant?
Bornera-l'on le train de la Philosophie,

Pource qu'elle produit des discours allechans,
Des defauts, des excez de nostre barbarie,
Et qu'aucuns du bonnet ont esté tres-meschans?
Quoy? voudroit-on nommer la Medecine vile
Pour auoir enseigné le poison stigieux?
Voudroit-on appeller l'Eloquence inutile
Pour auoir mis en doute vn estat glorieux?
Voudroit-on abolir des armes la facture,
Pource que les larrons en portent de leur gré?
Que l'on n'ait des enfans par la loy de Nature,
Pource qu'Edippe occit qui l'auoit engendré?
Comme le feu & l'eau, de nature contraires,
Sont tres-pernicieux à qui en vse mal;
A qui en vse bien, ils sont tres-necessaires,
Non seulement à l'homme, ains au brute animal.
De mesmes que le vin qu'auec l'eau l'on tempere
Ne sçauroit faire mal, ains il nous fait du bien,
Ainsi l'Amour modeste est vn bien necessaire,
Qui, moderé, nous sert en ce val terrien.
Qu'on ne mesprise plus ny l'Amour ny sa mere,
Ils donnent à l'esgal du doux & de l'amer,
Si quelquefois leur flesche est à nos cœurs amere,
Elle augmente le bien qu'on attend pour aimer.
Ceux qui sont esgarez sur la mer orageuse,
Or' poussez à l'escart, ores contre vn escueil,
S'ils euitent en fin la fortune doubteuse,
Apres tant de trauaux quel gracieux sommeil!
Les Amans desdaignez du sort inexorable,
Mendians les faueurs d'vn suject gracieux,

S'ils en ont puis apres l'œillade fauorable,
Mon Dieu qu'ils sont payez d'vn loyer glorieux!
Toy qui t'amuse en vain à des beautez discretes
Qui mesprisent tes vœux & ta fidelité,
N'accuse pas Amour, car ses loix sont bien faites,
Blasme ton infortune, ou ta temerité.

A vne Dame, sur la mort de son pere, & son frere.

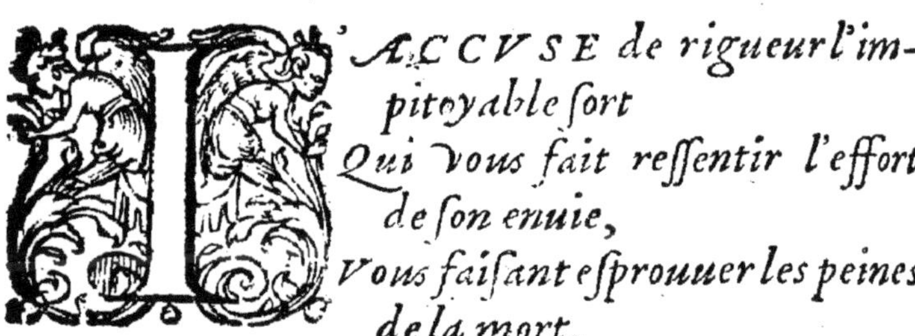

'ACCVSE de rigueur l'impitoyable sort
Qui vous fait ressentir l'effort de son enuie,
Vous faisant esprouuer les peines de la mort,
Auec l'eau de mes pleurs il fait couler ma vie.
Vostre mort est ma mort, vos maux sont mes douleurs,
Vos peines mes tourmens, vos plaisirs mes delices,
Et si ie participe au bien de vos douceurs,
Si vous sentez des maux, ie souffre des supplices.
Le rigoureux destin, pere de vos tourmens,
Non content du tresor dont veufue est vostre veue,
Dans l'enfer de vos maux prend ses contentemens,
Vous rauissant la fleur dont la perte vous tuë.
Pour combattre auec vous ces ennuis soucieux,
Les regrets & les pleurs seront mes seules armes,

Si vous faictes couler vos douleurs par les yeux,
Mi-mort ie verseray la lie de mes larmes.
Donnons treue aux souspirs, c'est par trop se douloir,
Les souspirs, les douleurs ne restaurent la vie,
Les plaintes, les regrets font naistre vn desespoir,
Qui, frere de la mort, rend la peine infinie.
Priué du doux espoir, aussi l'on ne vit pas,
On ne fait que traisner sa vie miserable,
Pour ne flechir aux maux qui causent le trespas,
Consolez vostre cœur d'vn espoir secourable.
Celuy que dans la mort vos souspirs vont suiuāt,
Afranchy, bienheureux, la mortelle carriere,
Las! il n'est pas perdu, il est passé deuant,
Il iouit dans le ciel de la saincte lumiere.

POVR VNE DAME INGRATE.

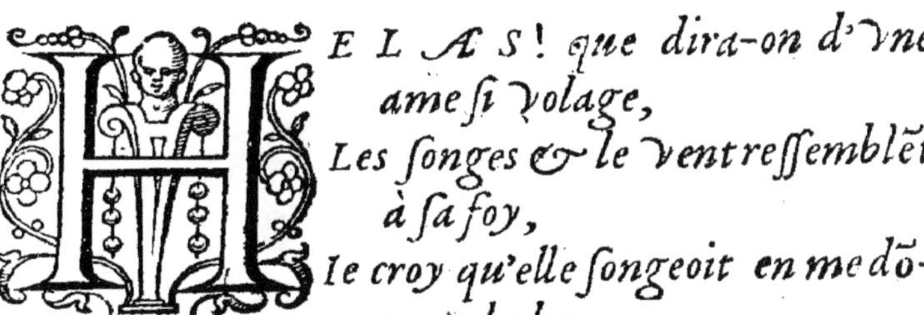

HELAS! que dira-on d'vne ame si volage,
Les songes & le vent ressemblēt à sa foy,
Ie croy qu'elle songeoit en me dōnant la loy,
Ou le vent d'inconstance agitoit son courage.
Son humeur, qui n'est rien qu'vne metamorphose.

Sa beauté qui ne vit que d'infidelité,
Honteuse a tourné teste à ma fidelité:
Elle se sert des cœurs comme on faict d'vne rose.

Si mon cœur en mesdit, sa cruauté l'excuse,
Si sa rigueur me blasme, hé! n'est-ce pas à tort?
Si mon cœur brusle encor, elle cause ma mort,
Qu'on ne m'accuse point aussi si ie l'accuse.

En vain ie la seruois, en vain i'estois fidele,
En vain ie consumois mes beaux iours à l'aimer,
En vain ie ne voulus d'vne autre m'allumer,
Mais vaine fut ma foy, car elle est infidele.

Et bien, i'ay triomphé de ma viue constance,
I'ay remporté l'honneur au champ de fermeté,
Et si ie suis vaincu de sa legereté,
Elle achepte la honte au prix de l'inconstance.

Au poinct que sa beauté fauorisoit ma peine,
Bruslant, ie ne pouuois l'aimer qu'extremement,
Mais son volage esprit fit naistre vn changement,
Dont mon ame conceut vne immortelle haine.

Remede contre les pasles couleurs.

VOVS qui bruleZ d'amour, & que l'amour possede,
Ne laisseZ prendre pied à ce mal nonchalant,
Le conseil n'y vaut rien, c'est vn mal violent,
Aux soudaines douleurs il faut vn prōpt remede.

Vn expert medecin, auec vne recepte
Fait languir vn malade, il ne vous peut guarir,
AlleZ cheZ vn barbier, à peine d'en mourir
Qu'il sonde bien auant, le mal, de sa lancette.

EndureZ vn effort pour deuenir bien-saine,
Et puis vous sentireZ vne demangeaison,
Signe tres-asseuré de vostre guerison,
„ Le bien semble plus doux apres vn peu de peine.

ChoisisseZ, pour barbier, vn amant, qui s'embrase
Au feu de vos desirs (attains d'vn mesme feu)
Ardent, il sondera vostre mal peu à peu,
Et vos deux maux en fin ne seront qu'vne extase.

(Dames) pour alleger ceste douleur extresme,
PreneZ ce seul moyen qui vous peut secourir,
Il vaut bien mieux le faire ainsi, que de mourir,
VseZ de ce conseil, ie le prens pour moy-mesme.

A MONSIEVR PILON.

LA peincture & cest art qu'on nomme Poësie,
Sont deux differens dons par la nature, offerts,
Mais ils sont alliez, & l'vn monstre en des vers,
La cause d'vn suject depeinct à fantasie.
Les admirables traicts de ton parfaict ouurage,
Sembleroient naturels s'ils auoient mouuement:
Lors ils sont animez, si le vray truchement
Des mysteres cachez, exprime leur langage.
Les sujects (mon PILON*) que ton esprit figure*
Sont peincts & releuez d'vn artifice tel,
Qu'il semble que ce soit le mesme naturel
Naifuement graué en l'art de la peincture.
D'vne masse de terre où ton esprit s'adonne,
Tu trompes nos pensers, ton ouurage auiuant,
Et, pensant qu'il ait vie, on embrasse le vent,
Il rauit nos esprits autant qu'il les estonne.
Sur toutes les vertus i'admire la peincture,
Elle sçait imiter le chef-d'œuure des cieux:
Les Anges peuuent peindre, en essence des Dieux,
Mais, à nous, ce n'est peu d'imiter la nature.
Si ma Muse enfantoit vne voix assez forte

Pour penetrer les cieux de ton hautain sçauoir,
Elle t'exalteroit: mais en pensant te voir,
Loing de ses vains pensers, ton merite te porte.

DV MARIAGE.

OMME le mariage est conceu dans les cieux,
Hymen prince nopcier tient vn des premiers lieux!
En ceste cour terrestre;
Chacun suit ses faueurs, & les hommes mortels
Luy viennent faire hommage, ainsi qu'au Dieu de l'estre,
Et la plus-part des cœurs, luy dresse des autels.

Cet accord de deux cœurs, ce sainct accouplemẽt
N'est rien qu'vn vnisson, ou qu'vn consentement
De chacune partie:
Quelques-fois la discorde y mesle du courroux,
Mais comme en douce paix la guerre est conuertie,
A la fin des debats que le repos est doux!

On compte qu'vn quidam vn iour se prosterna
Aux pieds de la iustice, & fol, se condamna
A la mort deplorable:
Le iuge s'informoit, inclinant à pitié,
Las! dict-il, i'ay commis vn crime irreparable,
Esgaré de mes sens ie me suis marié.

Tout hõme qui, prudent, s'allie aux bõnes mœurs

STANCES.

Non pas à la beauté, aux tresors, aux humeurs
D'vn monstre plein de rage,
Heureux va desfiant les orages du sort,
Aussi l'auare Hymen, à l'homme est vn naufrage,
Et l'Hymen vertueux est vn paisible port.
La femme est vn Autan esleuè sur la mer
Qui les hommes esmeut, & les fait abismer
Dans l'onde furieuse :
La femme reduit l'homme au ioug de sa beauté,
S'il est doux, s'il est bon, la femme curieuse
Faict, de sa douce vie, vne captiuité.
La femme blandissante est vn doux animal
Qui charme tous nos sens, vn necessaire mal
Qui, les esprits agite:
La femme est vne mer où l'iniuste malheur
Dans ses flots deceptifs les hommes precipite,
Pour les donner en proye à l'ingratte douleur.
Vous qui portez au front la liuree d'honneur,
Qui souhaittez la mort, ains que le des-honneur
S'oppose à vos merites:
Non, ce n'est pas pour vous que ie trace ces vers,
Vous estes de nos cœurs les douces calamites,
Et celles que i'entends, l'enfer de l'vniuers.
Et bien, que cest Hymen, creé de nos desirs,
Verse sur les mortels, en suitte des plaisirs
Vne amere influence:
On ne doit perdre cœur au temps d'aduersité,
La femme est, ce dit-on, vn dueil de consequence,
Et le prudent pardonne à sa fragilité.
Le sacré mariage, & la vieillesse encor

Sont deux differens poincts, plus souhaittables qu'or,
Dont l'vn se peut eslire:
Le desir nous y porte, & quand nous nous voyons
Paruenus à cet heur, où la plusspart aspire,
Vn pasle repentir faict que nous larmoyons.
Concluons qu'il vaut mieux en ce mõde espouser
Ce sexe violent, qu'ingrat se reposer
Sur la terre fertile:
Et si quelque enerué vouloit lire ces vers,
Qu'il sçache qu'en effect ie blasme l'infertile,
Et que ie loüe ceux qui peuplent l'vniuers.

I'AY consacré mon ame à l'autel
de constance,
Et ton cœur sacrifie à la legereté,
Vn foible esprit se plaist à la varieté,
Mais ie veux trop de mal à la vaine inconstance.
L'inconstance est vn vent qui ton esprit agite,
Et qui le rend ployable au premier mouuement:
Tu te peux bien ietter au sein du changement,
Sans craindre toutesfois que mon ame t'imite.
Crains-tu point qu'on te nõme vn muable Protee?
Protee est d'vne humeur que ie ne puis aimer:
Es-tu du naturel des ondes de la mer,
Que ton ame se voit d'vn Zephir irritee?
L'esprit qui erre ainsi par le vague du monde,
Et qui, volage, quitte vn fidele suject,
De digne qu'il estoit, en fin se rend abiect,
En imitant de l'air la troupe vagabonde.
Mon cœur à peine croit que tu m'ayes quittee,
N'ayant occasion, que ta legereté:
Seroit-ce vn vain mespris qui t'auroit agité,
Pour loger en haut lieu ton amour esuentee?
Si c'estoit le mespris, que tu serois pariure!
M'ayant donné ta foy, m'ayant voüé ton cœur:
Ce cuisant souuenir sera ton creue-cœur,
Mais ton courage grand est plus fort que l'iniure.
Si ton corps, dedans soy, ne receloit vne ame
Qui peust vaincre les cœurs les plus constãs de tous:

(Si tu n'auois trouué le changement si doux)
A moins que n'auois-tu vn courage de femme.

Qu'as-tu fait (vagabond) sur la mer écumeuse,
Si tu n'as contemplé l'immuable rocher
Que le vent, ny le flot ne peuuent arracher?
Que n'as-tu retenu ceste humeur genereuse?

Helas! le moindre flot a noyé ta constance,
Ainsi c'est par humeur que tu changes souuent:
Ie voy que tu retiens la nature du vent,
Veux-tu faire ton cœur vn ioüet d'inconstance?

Non, non, ie ne me deuls que tu m'ayes laissee,
I'ay banny ton amour loin de mon souuenir,
Et le ciel ne me peut plus aigrement punir
Que te representer à ma douce pensee.

(Ingrat, qui seruiras aux amans de risee)
Entends nostre destin, par ces vers confirmé:
Ie mourray de regret de t'auoir tant aimé,
Et toy de desplaisir de m'auoir mesprisee.

A. S. C.

Naissance d'Amour.

VAND mon cœur fut nauré de tes yeux pleins d'amours,
Le soleil nous fit voir sa face plus ardente,
Pour te signifier, qu'il brulera tousiours
Espris, pour ton suject, d'vne flamme constante.
L'archerot empenné qui blesse, audacieux,
Les cœurs plus esleuez, te sembloit trop volage:
Belle, tu te seruis d'vn traict d'or de tes yeux
Pour obliger mon ame à l'amoureux seruage.
Ce grand œil tout-voyant, (qui rayõnoit sur nous,
Lors que d'vn seul attraict fut mon ame rauie)
Ne peut rien contempler qui soit si beau que vous,
Ny d'astre plus heureux que l'estat de ma vie.
Ton flambeau Ciprien, est l'astre de mon iour,
L'estre de mon bon-heur & sa cause premiere,
Il a seruy d'Aurore à mon fatal amour,
Par tes yeux, mon amour a perceu la lumiere.
Mon cœur, comme engourdy, ne pouuoit respirer
Infinis beaux desirs, dont mon ame est suiuie:
Mon cœur, sans cet amour s'en alloit expirer,
Car tes yeux sont l'amour, & l'amour est sa vie.
Mõ cœur n'estoit sensible aux fleches de l'archer,

Mon

Mon ame sous ses loix ne se peust voir pressee,
Ton vnique beauté la pouuoit attacher
A tes yeux, obligeant ses vœux & sa pensee.
Vos yeux se sont voulu de mon ame saisir,
Pour n'estant plus rien seul, n'estre plus qu'vn vous mesme:
Ie ne vous puis aimer que d'vn ardent desir,
Car d'vn si beau suject naist vn amour extreme.

P. S. C.

Plaincte d'vne absence.

EN ce lieu plein d'horreur, ie frissonne à toute heure,
Et ce triste seiour, suject de mes souspirs,
Agree à mon humeur, & non à mes desirs,
Car ie meurs de reuoir celle pour qui ie pleure.
Si par le seul penser tout le temps se mesure,
Trois siecles sont coulez depuis qu'à mon malheur
I'erre dans ce desert, tout transy de douleur,
Où le regret m'effraye, & l'espoir me r'asseure.
Tandis que les pasteurs iouënt de leur musette,
Estendus mollement dans ces prez odoreux,
I'accorde à mes ennuys, mes sanglots douloureux,
Priué de ce bel œil que mon ame regrette.
Ie veux conter ma peine à la riue voisine,

Mais à peine vn accent peut sourdre de mon cœur,
Tant la plaintiue Echo, tesmoin de ma langueur,
Redit piteusement ce doux nom de cousine.

Adieu à sa pensee.

E poinct en poinct s'approche l'heure
Qu'il me faut changer de demeure,
Eschãgeant ma vie au trespas;
Le sort, mon bien si fort enuie,
Que si mon cœur vouloit la vie,
Mon ame ne le voudroit pas.

O lampe des cieux la premiere,
Que ne retiens-tu ta lumiere?
Tu vois en quel estat ie suis,
Tu luis pour les viuantes ames,
Helas! ie voy mourir mes flammes,
Ce n'est donc pour moy que tu luis.

Mon ame est de douleur pressee,
Mais ie ne change (ma pensee)
De cœur en changeant de seiour,
Si i'approche de mes supplices,
Si ie laisse mes chers delices,
Ie ne laisse pas mon amour.

Mon cœur me quitte, & te veut suiure,
Helas! ton Soucy ne peut viure
Priué des regards de ton œil,

Mon bien, ma clarté m'est rauie,
Le soucy perd-il pas la vie
S'il ne voit tousiours le soleil?
  Ma vie, à tel poinct, est reduitte
Qu'elle n'a point autre conduicte
Que celle des fieres douleurs;
Elle est du desespoir battue,
Heureux! si le mal-heur la tuë
Par les regrets & par les pleurs.
  Adieu ma vie, adieu ma flame,
De mon corps se bannit mon ame,
Mon cœur se retire de moy,
Ie voy bien qu'il faut que ie meure,
Au Ciel, mon ame a sa demeure,
Mon pauure cœur se loge en toy.
  (Mon cœur) au moins, ie te supplie,
Honnore celle qui te lie,
Mon Dieu! que ton seiour est doux!
Ha! que la nature cruelle
(Nimphe) tout cœur ne me fit elle
Pour demeurer auecques vous!

A ses freres allant en Florence.

ADIEV.

OVRQVOY fiere douleur, maistresse de ma vie
Ne me veux-tu donner vn moment de loisir?
Ne m'arrache le cœur, hé! permets que ie die
Vn larmoyant Adieu pour plaire à mon desir.
Mais las! si ie prononce vne seule parole,
Mon esprit, de mon corps se voudra departir,
C'est tout-vn i'aime mieux que mon ame s'envole,
Que ne vous dire adieu deuant que de partir.
Et quoy? priué de l'ame, helas se peut-il faire
Que la langue & les yeux ayent leur mouuement?
Nenny, mais mon esprit actif en ceste affaire,
Dira l'adieu funebre à ce departement.
En vn petit moment se finira ma vie,
Puis que mon ame veut demeurer auec vous:
Ie n'ay plus desormais de viure aucune envie,
Si ie meurs maintenant, que le mourir m'est doux!
O Parques qui filez ma fatale quenouille,
Helas! tranchez le fil de l'auril de mes ans.
Mon ame se debat, & ma face se mouille,
Mon cueur est desolé, mes esprits languissans.
Et toy ciel, qui cognois l'aigreur de ceste absence,

Qui ſçais comme mon cœur regrette ce depart,
Donne-moy moins de mal, ou plus de patience,
» Et le mal & le bien nous viennent de ta part.
Pendant l'ennuyeux cours de ceſte triſte abſence
Vos idees ſeront compagnes de mon dueil:
Mes penſers gouſteront l'heur de voſtre preſence,
Et viendront eſſuyer les larmes de mon œil.

A ſes freres retournant à Paris.

ADIEV.

'ESLOIGNE vos douceurs, dont le depart me paſme,
Ie m'abſente de vous, ſans me priuer de vous;
Car des yeux de l'eſprit on voit ſon ſujet doux,
Et les yeux corporels cedent à ceux de l'ame.
Mon mal-heur renaiſſant m'incite à me complaindre,
De mon cœur deſolé i'y ſuis meſme inuité,
Mais ie n'ay pas aſſez en ceſte extremité,
De larmes pour plorer, ny de voix pour me plaindre.
Ah! que le ciel ialoux à mon bien porte enuie!
Que le ſort eſt contraire à ma felicité!
O Ciel qui vois icy mon bon-heur limité,
Veux-tu qu'au gré du ſort mon mal-heur prenne vie?

(Mes Germains) si les pleurs, les regrets, & la plaincte,
Donnent ormais la vie à ma triste langueur,
Et si l'ennuy se rend le maistre de mon cœur,
Faictes que d'vn espoir mon ame soit atteincte:
Afin que ce vain corps que le regret entame
Pour luy rauir le cœur qui vous doit demeurer,
Du suc de ses douceurs se puisse restaurer,
Ie ne suis plus que corps, vous auez toute l'ame.
Ie meurs (mes chers Germains) car mon ame est contraincte
De perdre, vous perdant, tous ses contentemens:
Mais helas! il luy reste au fort de ses tourmens,
L'espoir, & les desirs, compagnons de la craincte.

Adieu à vne Dame.

LOREZ, plaignez, sanglotez, souspirez,
Mes yeux, ma voix, & mon cueur, & mon ame,
Et desormais aucũ biẽ n'esperez
Si vous perdez Madame.

Soyez, mon œil, vn larmoyant ruisseau,
Soyez, ma voix, vn Echo deplorable,
Vous, pasle cœur, recherchez l· ombeau,
Mon ame est miserable.

Adieu beautez qui m'auez allumé,
Adieu baisers d'amour, premier salaire,
Adieu beaux yeux qui, doux, auez charmé
Mon ame tributaire.

Adieu regards aux attraicts sauoureux,
Adieu deduicts de la nuict amoureuse,
Que, des instans qui furent bien-heureux,
La perte est douloureuse.

Adieu ma belle, adieu tous mes plaisirs,
Adieu pour qui mon ame est insensee,
Auecques vous ie laisse mes desirs
Et ma chere pensee.

Epitalame, ſur le mariage du Roy HENRY IIII. au mois de Nouembre 1601.

N fin le Ciel eſmeu de nos iuſtes ſouſpirs,
Parfait du grand HENRY la royale alliance,
Et veut pour agreer à nos ardens deſirs
D'vne immortelle paix feliciter la France.

En fin pour conuertir en ioyes, nos tourmens,
Et rendre de nos ans la courſe fortunee,
Il ordonne à deux cœurs meſmes contentemens,
Rendant, de nos malheurs, la trame terminee.

Phebus s'en reſiouit de noſtre heur ſoucieux,
Tout rit, & de nos pleurs eſt la ſource tarie,
Ha! mon Dieu que ce iour eſt pur & radieux!
Le Soleil des François luit au gré de MARIE.

Soudain qu'elle le voit, ſon cœur en eſt rauy,
Außi toſt qu'il la void, las! il perd la parole,
Le ROY dict en ſon cœur, Ie ne ſçay ſi ie vy,
Lors il ſemble à la voir que ſon ame s'enuole.

Tous ſouſpirent de ioye à ceſt embraſſement,
Chacun fait de ſon cœur à ſon ROY ſacrifice;
Puißiez-vous (belle couple) en cet aſſemblement
Faire naiſtre vn DAVLPHIN qui le mõde regiſſe!

Toy qui n'auras vn iour que le ciel infiny
Pour ta gloire borner (ſelon ta deſtinee)
Tu es (ROY triumphant) de ton peuple beny,
Hymen, heureux Hymen, fauorable Hymenee.

SVR LA NAISSANCE DE MONSEIGNEVR LE DAVLPHIN, qui nasquit à Fontaine bleau, le Ieudy 27. Septembre 1601. à vnze heures du soir.

Nfin, FRANCE, nos vœux se voyent accomplis,
Pour borner nos malheurs, vn DAVLPHIN l'on voit naistre,
O miracle! en Automne, il germe vn si beau lys,
Dont la blanche vertu le faict seul recognoistre.
Son autheur qui l'aimoit, l'a produit icy bas
Au poinct que le Soleil a borné sa carriere,
Afin que terminant tous nos sanglants debats,
Parmy l'ombre des maux il soit nostre lumiere.
Il nasquit vn Ieudy, cest espoir souhaitté,
Iupin versa sur luy vne douce influence,
Il sera, de l'Europe, ains du monde, exalté,
Mille angeliques voix tesmoignent sa naissance.
S'il retient, de son Mars, l'inuincible portraict,
Les Monarques ploy'ront au ioug de sa puissance,
Il les domptera tous, mais d'vn different traict,
Les puissans, de valeur; les foibles, de clemence.

EPITALAME, SVR LE MARIAGE DV SIEVR PILON.

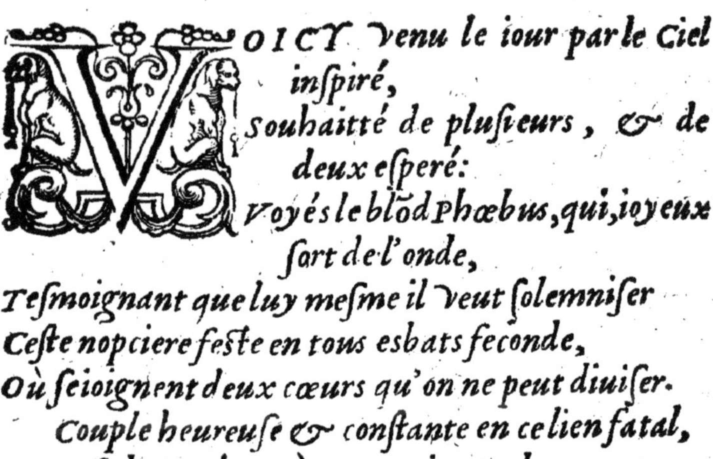

VOICY venu le iour par le Ciel inspiré,
Souhaitté de plusieurs, & de deux esperé:
Voyés le blōd Phœbus, qui, ioyeux sort de l'onde,
Tesmoignant que luy mesme il veut solemniser
Ceste nopciere feste en tous esbats feconde,
Où se ioignent deux cœurs qu'on ne peut diuiser.

Couple heureuse & constante en ce lien fatal,
Tu possedes vn heur à ton merite egal,
L'vn de l'autre contens, & l'vn de l'autre dignes:
Face le Ciel, autheur d'vn si sainct Hymené,
Accroistre vos amours & vos vertus insignes,
Rendant la couple heureuse, & le lict fortuné.

Tout chāte cet Hymen, l'air en tressault d'amour,
Le celeste element illustre ce beau iour,
Les ruisseaux sont parez de leurs robbes perleuses,
La terre retentit de sons harmonieux,
On n'entēd rien que voix sainctement amoureuses,
Quel bon-heur auiourd'huy nous ont versé les Cieux!

Auſsi toſt que la nuict, mere de tous esbats,
Empeſtrera le iour en ſes funebres lats,
Les Aſtres dans le Ciel entreront en cadance
Pour l'Hymen celebrer, en leurs prõpts mouuemens:
(Beaux Amans) ſi pour vous tout s'eſgaye & tout dance,
Ne differez le poinct de vos contentemens.

Couple, la nuict approche, il vous en faut aller,
Voyez-vous que ceux-cy ne veulent que baller?
Le coche vous attend prés le ſueil de la porte:
Ie ſçay que ceſte dance eſueille vos eſprits,
Mais quoy, vous ballerez tãtoſt d'vne autre ſorte,
Comme on balle au palais de la douce Cipris.

Quelle tourbe les ſuit, hé! voyez que de féux
(Amis) brillent par tout pour voir ces amoureux!
Quelle ſourde rumeur par les ruës s'entonne!
Ie croy que chacun dit en ſon cœur, baſſement,
Hymen, l'heureux PILON, moitié de MAGDELONNE,
S'en va cueillir la fleur de ſon contentement.

SONGE.

I'AY songé ceste nuict (Susanne mon amour)
Que nous estions priuez du clair pere du iour,
Que nous estiõs tous deux prests à reduire en cẽdre,
Et que l'on nous alloit dans la fosse descendre,
Qu'on auoit assemblé les meilleurs medecins,
Pour, ouurant nos deux corps, cognoistre aux intestins
Le principal motif de nostre mort subite:
On t'ouurit la premiere, on cogneut qu'il habite
Deux cœurs dedans ton corps; Songe trop importun!
Et dans le mien, chetif, ne s'en trouua pas Vn.

D'vne ieune fille à qui l'on vouloit donner vn vieillard pour mary.

FAVLT-IL que mon Printemps se fanne & se ternisse
Pour le fascheux Yuer d'vn vieillard rigoureux?
Frilleux, il peut geler vn Esté chaleureux,
Ce n'est pour luy que i'ay l'amoureuse iaunisse:
Si vous me contraignez (mon pere) de le prendre,
(Pensant vnir en vn deux esprits amoureux)
Pardonnez si ie prens vn aide voire deux:
Le vieillard seul ne peut à mon affaire entendre.

SOVSPIR.

Traduict d'Italien.

MON cœur, ne languis point, tu fais languir mon ame,
Oy ces profonds souspirs, souspiraux de mon dueil,
Helas! la pitié mesme à la douleur s'entame,
Mourãt pour ton amour ce m'est vn doux cercueil.
Si ma mort te pouuoit naistre vn allegement,
I'eslirois telle mort pour te donner la vie:
(Belle) mais celuy là mourroit iniustement,
Qui, viuant, a le cœur ioinct au cœur de s'amie.

QVATRAINS.

POVR MONSIEVR LE BARON DE TERMES,

QVATRAIN.

E fils aisné de Mars mesprise en son Printemps
Au milieu des combats & la mort & l'enuie:
Est-il besoin (dit-il) de viure si long temps,
Puisque la mort acquiert vne immortelle vie?

POVR MARGVERITE MARC.

DES *plus exquises fleurs Marguerite est le nom,*
Chacun la va nommant, des belles fleurs l'eslite,
Comme toutes beautez reuerent son renom,
Les belles sont le Marc de ceste Marguerite.

D'vn Espagnol qui disoit n'estre hombre de tromperie.

IL est vray qu'il n'est pas ombre de tromperie,
C'est vn solide corps Espagnol & trompeur,
Pour faire quelque bien il est hombre sans cœur,
Mais il est corps & cœur pour vne piperie.

AMour à l'hospital ses soldats achemine,
Il enerue le corps au beau de son Printemps,
Il esgare nostre ame, & tout ensemble mine
L'ame, le corps, la bource, & consume le temps.

A. V. C.

INgrate qui charmant ma liberté premiere,
Enchesnas mon vouloir d'vn fragile lien:
Mon cœur n'emportera dans la fatale biere
Qu'vn pasle repentir: C'est d'auoir esté tien.

P. S. C.

C'Est abus que le cœur soit la source de vie,
Vos yeux & mes pensers mon cœur vont auiuant,
Vos yeux aupres de vous, où i'ay l'ame rauie,
Mes pensers loin de vous me les ramenteuant.

BElle, quand ie te vois, à ton astre vainqueur,
I'immole mes desirs, dont mon ame est le tẽple:
Absent de ta beauté, il se forme en mon cœur
Vn miroir, dans lequel tes beaux yeux ie cõtemple.

De la Mort.

L'Extreme mort est la fin des trauaux
Que l'on ressent en ceste vie humaine,
Si c'est vn mal, c'est donc de tous les maux
L'vnique mal qui ne faict point de peine.

ODES.

A MADAME DE SAGONNE,

Le premier iour de l'an 1603.

DES-IA l'Aurore renaissante
Paroist dans le ciel, rougissante,
Embausmant l'air de ses odeurs:
Le ciel nous presente la belle,
Et l'Aube, vne clarté nouuelle,
Le Soleil donne ses lueurs.

Chacun icy bas se dispose
A faire presens: mais ie n'ose
Vous offrir vn traict de mon art:
Ie vous pourrois tracer vne Ode,
Mais differente de la mode
De celles du docte Ronsard.

Souuent vn ieune ente rapporte

Außi peu qu'vne branche morte,
Mes vers sont reiettons nouueaux;
Quand i'auray beu de l'eau sacree
Qui, les enfans du Mont recrée,
Ie produiray des fruicts plus beaux.

Muses, qui suiuez, comme guide,
Celle que (d'honneur trop auide)
Ie veux louer en mes escrits:
Pour elle trop basse est ma lyre,
Au moins faictes que ie l'admire,
Son los extaze mes esprits.

Mon ame en ses vertus medite,
Et me dit que son haut merite
Ne permet chanter bassement;
L'esprit n'en peut estre capable,
Il faut l'aduouer admirable
Pour l'admirer plus dignement.

A MONSIEVR LAIGNEAV.

COMME vn fier torrẽt qui roule,
Comme vn ruiſſeau qui s'eſcoule
Le long d'vn riuage creux,
Ainſi tes vers admirables,
Sont graues, ſont agreables,
Sont enflez, ſont doucereux.

Trop en vain donc ie m'amuſe
A faire dire à ma Muſe
Ces rudes vers empoulez,
Sinon pour ſeruir de luſtre
Aux chants de ta Muſe illuſtre,
Pleins d'accents emmiellez.

Si l'ardente Poëſie
Auoit mon ame ſaiſie
De ſes prophetiques airs,
Ie grauerois ta louange
Digne de la voix d'vn Ange,
Dedans le cœur de mes vers.

Laigneau (que le ciel appelle
A la couronne immortelle,
Loyer des vertueux faicts)
En ta vertu ie me mire,
En m'y voyant ie l'admire,
En l'admirant ie me tais.

SONNET DE MONSIEVR L'AGNEAV A HOPIL,

En eschange de ses Estreines.

CES doigts mignards que mon Hopil manie
Dessus son luth, ressemblent proprement
Aux doigts rosins dont l'aurore desplie
Le noir manteau du doré firmament.
Cest air si doux, la cadance accomplie
Qui tire l'homme à vn rauissement,
Egale en tout l'Angelique harmonie,
Qui rend tout beau le celeste element.
Ces vers encor qu'il enfante sans peine,
Et qu'il employe à nous donner l'Estreine,
Parfaicts en soy donnent l'estre à ceux-cy.
Mais dans ses vœux il mesle certains charmes,
Qu'en se donnans, ils rauissent aussi
L'ame en ses vers, & le cœur en ses carmes.

COMME la Paſtorelle,
En la ſaiſon nouuelle,
D'vn pied mignardelet
Foule les herbelettes,
Moles & tendrelettes
Dans vn pré verdelet:
Et comme elle prend garde
A ſa troupe mignarde:
A l'ombre d'vn ormeau,
Elle voit des fleurettes,
Roſes & violettes,
Elle en fait vn chappeau,
Comme ce deſir paſſe,
Elle en eſt bien toſt laſſe,
Aimant la nouueauté,
Car rien ne la contente,
Et ne peut, inconſtante,
Auoir rien d'arreſté.
Tout ainſi, ma maiſtreſſe
M'a pris par ſa fineſſe,
Soubs couleur d'amitié,
Pour me mettre en ſeruage,
Et n'a ſon fier courage
De moy nulle pitié.
Comme vn lyon qui flatte
Soubs l'effort de ſa patte
Vn foible animal,
Il ſe ioüe, il le preſſe,

Puis apres il le laiſſe
Sans luy faire aucun mal.
De meſmes ceſte fiere
A la fleche meurtriere,
Contente de l'honneur,
Et de la ſeule gloire
D'auoir ſur moy victoire,
S'enfuit, à mon malheur.
Mais il me la faut ſuiure,
Car ie ne ſçaurois viure
Priué de mon ſoleil,
Ie plore & ie ſouſpire,
L'excez de mon martyre
Me conduit au cercueil.
Au moins (ma belle Dame)
Parauant que mon ame
S'enuole dans les Cieux,
Que ma mourante vie
Me puiſſe eſtre rauie
Aupres de tes beaux yeux!
Ainſi Phœbus t'admire
Au doux ſon de ſa lyre,
Ainſi le ieune Amour
Te cede la victoire,
Et ſes traicts & ſa gloire,
Son Empire & ſa Cour.

IEN que mes desplaisirs cuisans,
Poincte des delices plaisans
Où vise la douce esperance,
Bien que mes rigoureux tourmens
Ne me donnent nulle apparance
Des amoureux contentemens.

Si veux-je que ses astres fiers
Malgré leurs desdains meurtriers,
Demeurent maistres de ma vie:
Ha! que l'amant est fortuné
A qui le destin l'a rauie
D'vn beau sujet, paßionné!

Ces nœuds qui lient en cent tours
Ses cheueux, sont autant d'Amours
Voletans sur sa blonde tresse:
Beaux nœuds, que i'enui' vostre bien!
Au moins vous serués ma maistresse,
Et moy, ie ne luy serts de rien.

Vous chesnes qui faites maint tour
A son beau col, pilier d'amour:
Et vous, ô perles precieuses,
Son blanc sein, vous pouueZ toucher,
Mon Dieu! que vous estes heureuses!
Helas! ie n'en ose approcher.

Beaux diamans, quand ie vous vois
Esclatter sur ses mignards doigts,
Hé! que ie vous porte d'enuie!
Las, pouueZ-vous vaincre en durté

La belle qui m'oste la vie
Pour auoir trop de cruauté.

Et vous bracelets, qui tousiours
Tastez le poux de mes amours,
N'a elle des rigueurs extremes?
Helas, vous ne m'en dites rien,
Seriés vous point ialoux vous mesmes
Si elle me vouloit du bien?

Et toy petit chien bien-heureux
Serré de ses bras amoureux,
Hé Dieu! que i'enuie ton aise!
Qu'elle te donne de pouuoir:
Cent fois le iour elle te baise,
Et seulement ne la puis voir.

Toy, faux visage mal-heureux,
Qui vois que i'en suis amoureux,
Qui vois que ie brusle pour elle,
Pourquoy voiles-tu son flambeau?
C'est vne Dame qui n'est belle
Qui doit auoir vn tel bandeau.

Nœuds, chaisnes, perles, diamans,
Qui volez mes contentemens,
Bracelets, chien, & faux visage,
Ie vous estime tous heureux,
Moy d'autant plus, si en seruage
Ie puis mourir d'elle amoureux.

Vn seul de mes tristes ennuis
Vaut mieux que les folastres nuicts
Où l'on contente son enuie:
Ie vy, mourant pour ses beaux yeux,

En les seruant qui perd la vie
Espouse vn trespas glorieux.

ODELETTE.

ANS vn bois i'apperceus vn iour
Cipris qui cherchoit son Amour:
Tu perds ta peine, (Nimphe belle)
Ce dy-je, en moy mesme, à l'instant,
Il vit bien-heureux & content
Dans vn bel œil qui le recelle.
Et la voyant flechir aux pleurs,
Son tein terny par les douleurs,
Ie luy dy, Nimphe, je te prie
Cesse de souspirer ainsi,
De ton enfant n'ayes soucy,
Il est dans les yeux de Marie.

D'VNE ABSENCE.

PAR les champs embauſmez
De fraiſches herbelettes,
Par les prez parfumez
De fleurs mignardelettes:
Que Flore va renaiſſant,
Dont elle va tapiſſant,
Et les plaines & les prees,
I'eſpands mes triſtes chanſons,
Les oiſeaux ſement de ſons
Les campaignes diaprees.

Or' que de belles fleurs
La terre eſt accouchee,
De ſouſpirs, de douleurs,
Mon ame eſt empeſchee:
Pendant que le clair ſoleil
En ſon plus haut appareil
Fait voir les beautez du monde,
Mon cœur naiſſant maint ſouſpir,
Dolent, ie me vay tapir
Dans le paſle obſcur de l'onde.

Las! ce ſombre manoir
C'eſt le fleuue d'abſence,
Où l'eau du deſeſpoir
Noye mon eſperance.
L'an ne m'eſtoit qu'vn inſtant
Quand ie te tenoy content,

Mais dans l'obscur de ceste onde
Les plus beaux iours sont des nuicts
Qui font naistre tant d'ennuis
Qu'vn moment me dure vn monde.

Absent de ton bel œil
Ie pren ma triste lyre,
Et pres de mon cercueil,
Souspirant, me faict dire:
L'eclipse de mon flambeau,
Me conduit à ce tombeau
Où ie verse tant de larmes:
Mais quand ses yeux reluiront,
Ses yeux mes pleurs tariront,
Amortissant mes allarmes.

P. M.

Vn iour par la forest ramee
Ie chassois à l'accoustumee
Suiuy de mes chiens glapissans,
Disant, Heureux qui sans enuie,
Aux champs peut escouler sa vie,
Où vont tant de plaisirs à l'enuy renaissans.
Disant ces mots, Amour se treuue
Deuant mes yeux: qu'il ne m'esmeuue,
Helas! se peut-il autrement?
Il vainc les ames moins humaines,
Tirant des fleches inhumaines
Des venimeux cachots d'vn bel œil seulement.
Oyant, de mes chiens, le murmure,
Il lasche vn traict à l'auanture
Droict à mon cœur pour l'entamer:
Mon cœur rebouchant à la poincte,
Faict rejallir la fleche esteincte
Au cœur de l'archerot, le coup luy semble amer.
Lors s'escriant, il dict à l'heure,
Faut-il, indiscret, que ie meure
Par mon propre traict eslancé?
Quel cœur plus endurcy que marbre,
Quel dur rocher, ou bien quel arbre
Mon dard doux-penetrant helas! n'a-il percé?
Amour meurdry de sa main mesme,
Atteint d'vn desplaisir extreme,

Me cògnut au ſon de mon cor,
Helas (dict-il) d'vne voix baſſe,
C'eſt ce cruel, cet aime-chaſſe,
Qui, repouſſant ma fleche, a fait naiſtre ma mor.
Amour, que vaine eſt ta ſagette,
Vne belle ame n'eſt ſujette
(Luy dy-je) à ton poiſon charmant,
Tes traicts, iamais ne pourront faire
Au cœur, vn amoureux vlcere
Sans que l'ame ait preſté quelque conſentement.
En acheuant ceſte parole,
Soudain ie pique, & ie m'enuole,
Porté d'vn cheual furieux:
Chantant, eſpris de ſaincte flamme,
I'ay meurdry la mort de mon ame,
N'eſt-ce pas vn triomphe à iamais glorieux?

N dit que la colombelle,
Est à Ciprine la belle
Consacree, de tout temps,
Lasciue, aimant, de nature
La frequente couuerture
De l'amoureux passe-temps.

Mais ceste beauté cruelle,
Où ma pauure ame recelle,
Ne respire que rigueur:
Vain, est mon amour extresme,
Car c'est la cruauté mesme
Qui regne dedans son cœur.

A Venus, on attribue
Le mirthe qui l'homme imbue
De sa delectable odeur,
Car ses fueilles qui verdoyent
Tousiours deux à deux se voyent
Comme la Ciprine ardeur.

Or mon amour est semblable
A ce beau mirthe agreable
En ce qu'il est verdissant:
Mais ma Nimphe n'y ressemble
Ne voulant que deux ensemble,
Couplés, s'aillent enlassant.

I'ay beaucoup de simpathie
Auec la belle mirthie,
Elle porte du fruict noir,
Afin que ie recognoisse

Que

Que le fruict remply d'angoisse,
En amour, est mon espoir.
Encore on dit qu'on adresse
A la Ciprine princesse
La rose royne des fleurs,
Pour estre belle, odoreuse,
Et rendre l'ame amoureuse
De son muscq, de ses couleurs.
On ne luy sacre la rose,
Dans vn ver bouton enclose,
Seulement pour ses odeurs,
Ains d'autant que l'Adonine
Est entouree d'espine
Et de poignantes douleurs.
Au poinct que ie vey ma belle,
Sa viue rose iumelle,
Son tein, sa grace m'esprit:
Or, contrefaisant la douce,
Tira des traits de sa trousse
Pour charmer mon ieune esprit.
Comme l'enfant qui lamente
Se taist quand on luy presente
Du fruict, bien que plein de fiel:
Elle me charma, la feinte,
D'vn fruict plus remply d'absinte
Que de melisse, ou de miel.
C'est à l'amour, la coustume
De troubler son amertume,
Par l'ombrage d'vn plaisir:
Mal'heureux, qui à l'enchere

Donne sa liberté chere,
Sous l'ombre d'vn fol desir.

ODELETTE.

HOEBVS pere de la lumiere
Et des tenebres, oppresseur,
Communique à sa froide sœur,
Son ardante clarté, du monde, nourriciere,
Sans qu'elle s'allume à l'entour
De ses rayons flambeaux du iour.
Ainsi ceste ame rigoureuse,
Bel astre à l'aspect nompareil,
Reçoit de l'amoureux soleil
Des traits enamourez, sans brusler, amoureuse:
Le feu d'amour la touche & point,
Miracle! & ne l'enflamme point.

T. D'ITAL.

MA cruelle plaignoit vn iour,
Vn oiseau qu'elle aimoit d'amour
Qui auoit repris sa volee,
Parmy la volante meslee :
Mon cœur ardãment amoureux,
Pensant, du sort aduantureux,
Tirer vne heureuse allegeance,
Print de l'oiseau quelque semblance,
Et soudain vole dans son cœur:
Elle cognut à mon mal-heur,
Mon cœur qui sanglotoit pour elle,
Luy fit vne playe mortelle,
Et d'vn souffle de ses Zephirs,
Desseicha ses larmeux souspirs,
Se riant, tant elle est amere,
Du triste estat de ma misere.

P. M. C.

ODE PLAINCTIVE.

IE touche, en ce lieu solitaire,
Pour plaire à ma pensee austere,
Mon luth tristement adoucy:
Et seul, deux astres, ie regrette,
Ayant au cœur ce vain soucy,
De tenir ma peine secrette.

Mais dés que la troupe volante
Entend ma complaincte dolente,
Elle sçait quelle est ma langueur,
Puis ma voix, triste secretaire,
Redouble les plaints de mon cœur,
Helas! pour ne les pouuoir taire.

Si de regret i'ay l'ame atteinte,
Oiseaux, ententifs à ma plainte,
Au moins annoncez mes douleurs
A ces bois, à ma voix, sensibles:
Yeux, versés deux ruisseaux de pleurs
Las! si vous n'estes insensibles.

Ces ruisseaux qui sans cesse fluent
Et leur murmure continuent,
Imitent mes yeux larmoyans,
Mais ils ne noyent la campagne,
Et mes yeux enflez vont noyans
Mon visage, qui en pleurs bagne.

De mes yeux l'humeur embrasee
Sert à l'herbage de rosee,
Mes cris, aux arbres de Zephirs,
Mon plainct accompagné de larmes,
D'Echo, ramentoit les souspirs,
Et ses amoureuses allarmes.

Ma voix se marie à ma Lyre,
Sans tréue mon ame souspire
L'absence cause de ma mort:
He! qui pourroit viure en la sorte,
Si mon espoir n'estoit plus fort
Que le dueil qui me desconforte?

Chantres des bois, lyre fidele,
Tous à tesmoins ie vous appelle,
De mes sanglots & de mes cris:
Souuenez-vous que sur l'escorce
Des arbres, ces plainctes i'escris,
Ma voix ayant perdu sa force.

A belle ayant dans vne pree,
Rencontré Venus esploree,
Accusant la terre, & les cieux,
Luy dit, en essuyant ses larmes,
Amour ayant perdu ses armes,
S'est retiré dedans mes yeux.
Venus toute esprise de rage,
Disoit, archer, ton grand courage
Est-il tellement abbattu,
Qu'ayant veu Mars sous ton empire,
Vne pucelle te retire
Pour triompher de ta vertu?
Crois-tu trouuer ta trousse belle
Aux yeux d'vne fille mortelle?
Que ie te plains: (Enfant leger)
Si l'on t'auoit rauy ta flamme,
Vulcain qui, les démons enflame,
T'eust peu d'autres armes forger.
Cipris continuant sa plaincte,
Ayant, de douleurs, l'ame atteincte,
Se mit au train du desespoir,
Souhaittant que la mort egale,
Aux Dieux comme aux hommes fatale
Voilast ses yeux d'vn crespe noir.
Mais c'est en vain qu'elle souspire,
Et que son fils elle desire
Pour le restablir en sa cour:
Nimphe, si tu veux voir sa tresse,

Vien, vien contempler ma maistresse,
Ses beaux yeux sont le mesme Amour.

SI c'est le ciel qui gouuerne la terre,
Ou bien si l'homme est subiect au destin;
Quel ciel ialoux, ou quel astre mutin,
A mon bonheur peut faire ainsi la guerre?

Si c'est le ciel qui ma Deesse en[u]ie,
Que peut ma force encontre vn tel riual?
Si le destin, ie n'en atten que mal,
Las! à quel poinct se reduira ma vie.

C'est vn grand mal qui nos ames possede,
Bien aimer ceux qui nous vont mesprisant:
Faire à l'ingrat de son [c]œur vn present,
C'est vn regret qui toute peine excede.

Faut-il qu'ainsi sans espoir ie languisse?
Puisse la mort limiter mes trauaux,
Puisque l'amour, artisan de mes maux,
Me voit languir, & rit de mon supplice.

L'escumeux flot de la mer implacable,
Fut le berceau de sa mere Cipris:
Ainsi naissant son naturel a pris
La triste humeur de l'onde impitoyable.

Responds, Archer, & me dy ie te prie,
Pourquoy ma belle est si fiere enuers moy,
Que luy pensant raconter mon esmoy,

Pleine de rage, en fuyant elle crie.

Retire toy, n'importune mon ame,
O fol amant, ne sçais-tu pas qu'Amour
D'vn traict ferré me blessa l'autre iour,
Ayant perdu ses traicts d'or, & sa flamme?

Responds, Amour, il semble que tu n'ose
En deux accents, par pitié, m'exprimer
Pourquoy son cœur à mes vœux est amer,
A mes douleurs as-tu la bouche close?

Sans me respondre ainsi donc tu t'enuole,
Me laissant veuf & de bien & d'espoir;
Qui de guarir son amy n'a pouuoir,
Ne luy desnie vne seule parole.

Fol qui se fie à la feinte promesse
De ce pippeur qui flatte tellement,
Que soubs couleur d'vn seul contentement,
Il tient les cœurs en eternelle presse.

Ce ieune Archer est vn prompt capitaine
Qui les amans expose en vn combat:
Et quand il voit que sans feinte on s'y bat,
Lors il s'enuole & les laisse en haleine.

Las! c'est ainsi que ce traistre se iouë
De nos souspirs, de nos affections:
I'abhorre, Amour, tes foles paßions,
Ie m'en retire, & le ioug ie secouë.

FIERTE' VAINE.

ELAS! pourquoy fuis-tu de mes funestes yeux,
Si l'iniuste desir de ma mort t'accompagne?
Ie t'ay donné mon cœur, le plus beau de mon mieux,
Sois d'vn si bel amour, la fidele compagne.
Crois-tu que me fuyant, la Nimphe au voile noir
A l'instant me suiura pour me prendre (inhumaine)
Ah! belle, on ne meurt point sans douleur & sans peine,
Et qui n'a point de cœur, ne se peut pas douloir.

AMOVR CONSTANT.

MON amour, qui n'est rien qu'vne douleur mortelle,
A pour baze vne foy, immortel fondement,
Ie respire par elle, & meurs par le tourment,
L'vn m'enuoye au trespas, & l'autre me rappelle.
Mon cœur a desfié du martyre l'effort,
La plus forte douleur, ains la mort ie mesprise,
Ie veux donc que ma vie, & non ma foy, se brise:
Le change du desir est pire que la mort.

MA vie n'est en soy qu'vn cōbat amoureux,
Mes pensers sont archers aux ailes inuisibles,
Ils decochent des traicts aussi prompts que sensibles,
Guidez du ieune Amour, conducteur rigoureux:
Chacun de ces Archers espere, ains se faict fort
D'acquerir de l'honneur: le camp est ma poictrine,
Là se liure l'assault, dont mon cœur est le signe,
Et le prix du vainqueur, c'est ma fatale mort.

EPIGRAMME.

Traduicte d'Italien.

L'Homme est vn petit monde en ce grand vniuers,
Mais il est grand, vny, vniment à la femme,
Leur volonté se lie, & de deux corps diuers
Se forme vne nature, & de deux cœurs vne ame.
L'hõme entant que mortel le monde le plus vile,
Contient mystiquement: & la femme a cet heur,
De contenir le monde, eternel, immobile,
Aux yeux le paradis, & l'enfer dans le cœur.

AVTRE EPIGRAMME.

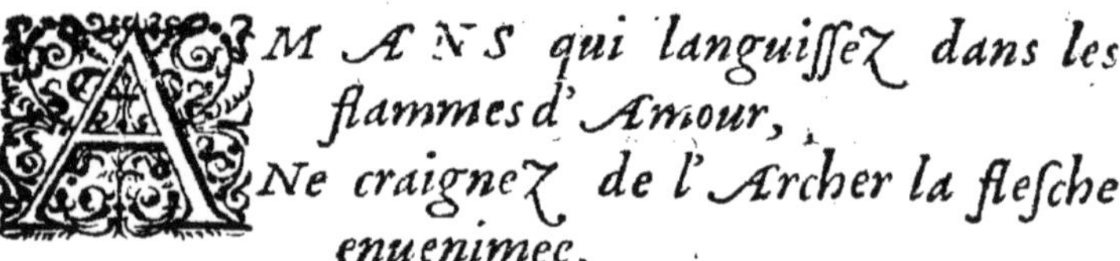

AMANS qui languissez dans les flammes d'Amour,
Ne craignez de l'Archer la flesche enuenimee,
Il a vuidé sur moy sa trousse desarmee,
Et veut dedans mon ame establir son sejour:
On ne le verra plus aux yeux des Dames belles,
En mon cœur tout ardent, il s'est bruslé les ailes.

A vn Iouuenceau qui parloit deshonnestement.

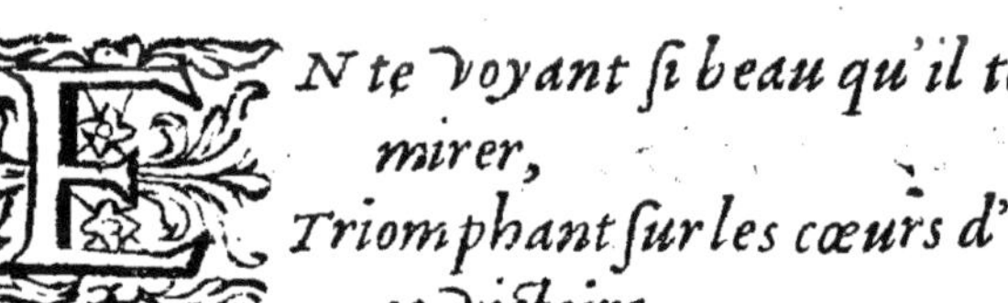

EN te voyant si beau qu'il te faut admirer,
Triomphant sur les cœurs d'vne douce victoire,
Ie m'estonne (folet) comme tu peux tirer
Vne lame de plomb d'vn beau fourreau d'yuoire.

SATYRE.

VOVS qui pensez que la rigueur
Ne se loge au feminin cœur,
Voyez vne ingrate Megere,
Qui, pleine de desloyauté,
Faict trophee de cruauté,
Pour plaire à son ame legere.
Son cœur à l'Amour s'immola,
Mais, perfide, elle viola
Les vœux de ce doux sacrifice:
Et pour terminer l'amitié,
Voulut contre vne autre moitié
Exercer vn sanglant office.
Ie laisse le portraict ciré
Que, fole, elle auoit preparé
(Comme du desespoir suiuie)
Afin de fondre peu à peu
Comme la cire auprés du feu,
D'vn Amant l'innocente vie.
Ie scay qu'vn miroir enchanté
L'on a souuent representé
A ceste Gorgonne effroyable,
Afin qu'aussi tost elle sceust
Où il estoit, & qu'elle peust
Luy iouer vn tour execrable.

Peut-on pas faire parangon
De celle qui trompa Iason
A ceste femmelette impie?
Non, c'est vn Ange contrefaict,
Ou plustost vn monstre en effect,
Ou, pour mieux dire, vne Harpie.
Quiconque la voit, pour le seur
L'estime la mesme douceur,
Tant deceptiue est sa figure,
Mais quiconque la hantera,
Comme ie fais, il chantera
Que c'est la rage de nature.
De mille fards sophistiquez,
Par tes fauoris practiquez,
Tu frottes ta face iaulnie,
Si tu veux (Megere sans foy)
Bien tost te desfaire de toy,
Qu'vn Demon sçache ton enuie.
L'Ange à l'Ange peut s'allier,
L'homme & la femme se lier
Par vne douce simpathie:
Tu peux bien prendre tes esbats
Auec vn Demon de là bas,
Puisque tu es vne Furie.
Puisse le croailleux corbeau
Vn iour sur ton puant tombeau
Chanter ton obseque derniere:
L'ortie & les chardons außi
Croistront autour de ces vers cy
Sur ta sepulchrale tasniere.

Cy giſt l'abbregé de tout mal,
Cy giſt le cœur plus deſloyal
Qu'ait oncques formé la nature:
Cy giſt vn corps, où fut caché
Vn eſprit comblé de peché,
Soubs vne Angelique figure.

PLAINCTE DE D. C. SVR LA MORT DE sa femme.

EN fin ceste belle ame au ciel est retournee,
De ses rares vertus seul & digne sejour,
Et la mienne icy bas se traisne, infortunee:
Mais si ie luy suruy, manque-ie point d'amour?

En la fleur de tes ans (belle) tu m'es rauie:
Parque, qui l'as cueillie au printemps de ses iours,
Pourquoy m'arraches-tu la moitié de ma vie?
Mais helas! ie perds tout en perdant mes amours.

Si ie plains son absence, & si i'espãds des larmes,
Ce n'est pas que ie vueille enuier son bonheur,
Mais les pleurs, les regrets, sont les vniques armes
Desquelles ie me sers au combat du malheur.

Les Astres, qui sur tous versent quelque influẽce,
Sur nous ont faict tomber vn sort tout inegal,
Ils n'ont pour les mortels vne egale balance,
Car elle a tout le bien, & moy i'ay tout le mal.

Soudain que de son corps fut l'ame deuestue,
Ses parens, ses amis, de sa mort firent dueil,
De sa vie à l'instant l'Aube fut apperceue,
Venant d'vn mesme pas la nuict de mon cercueil.

SA

Sa mort causa ma mort, vne mort à viuante,
Pire que mille morts; mais ie me deuls à tort,
De souspirer, mourant, pour vne ame viuante,
Las! que dy-ie, mourant, mais qui suis desia mort.

Ses beaux yeux s'esteignans, amortirent la flame
Qui r'animoit mon cœur tout transi de pitié:
Mourante, elle rauit la moitié de mon ame,
Ie meurs pour m'aller ioindre à ma chere moitié.

Tombeau de ladite Dame.

LE ciel m'ayãt rauy ma fidele Marie,
M'auoit laissé des yeux pour plorer ma langueur,
Mais en vain, car leur source à l'instant fut tarie;
Il faut aussi plorer ceste perte du cœur.

Contente toy du nom de ceste chaste Dame,
Ne t'arreste (passant) au poinct de son trespas;
Amour l'enseuelit au cachot de mon ame,
Ly donc ces quatre vers, & puis haste le pas:

Soubs ceste pierre gist la vie de ma vie,
Mais la mienne est en peine, & la sienne en repos;
Et la terre & le ciel, ialoux, me l'ont rauie:
Le ciel a pris son ame, & la terre ses os.

D. V. C.

Tombeau.

I'AVOIS rendu par mon espee
Au sang des ennemis trempee
L'orgueil à mes pieds abbatu,
Et comblé d'honneurs & de gloire
Triomphé d'autant de victoire
Que de fois i'auois combattu.

I'auois, indomptable à la guerre,
Aux Rois les plus grands de la terre
Monstré l'effort de mes valeurs,
Et graué aux yeux de la France
Souuent par le fer de ma lance
Mon grand courage dans les cœurs.

I'allois, franc de peine & d'enuie,
Coulant les instans de ma vie,
L'vnique espoir de mes amis,
Estant par vn effect contraire,
Bien qu'en ma valeur ordinaire,
L'effroy de mes fiers ennemis.

Mon bras, rempart de ma patrie,
Des plus superbes fut l'enuie,
Chery des bons, & craint de tous:
De ma prudence i'ay faict monstre,
Aussi cruel à la rencontre,
Qu'en la victoire i'estois doux.

Descouurant les traisons publiques
Ie pery dans les domestiques
Au succez d'vn fatal dessein,
Comme vn dont la main secourable
Nourrit pour sa fin miserable,
La vipere en son propre sein.
D'vn proche la main sanguinaire,
Le seul suject de ma misere,
M'a faict ceste sombre maison,
Meschant qui n'eust eu le courage
De me voir au plain du visage,
S'il ne m'eust pris en trahison.
Lasche qui vas encor au monde,
Attendant que Dieu te confonde,
Traisnant ta viё, sans honneur,
Qu'auras-tu si tu te viens rendre
Au pasle seiour de ma cendre,
Ou plus de honte, ou plus de peur?
Toy qui vois sur ma sepulture,
Peincte mon indigne aduenture,
Contraire aux effects de mon cœur,
Regrette la force rauie
De celuy qui fut en sa vie
Sur tout, fors sur la mort, vainqueur.

HYMNE
CHRESTIEN,
Des Elemens.

ILENCE (mon esprit) i'entends par l'vniuers
Vne tonnante voix enfanter des merueilles;
Voy la terre beante, & les Cieux entr'ouuerts:
Esleuons donc nos yeux, preparons nos oreilles.

L'Eternel, qui des cieux nous verse tant de biens,
Par des canaux diuers, en ce lieu de miseres,
Ce semble, parle à nous par l'organe des siens,
A nous mescognoissans ses faueurs ordinaires.

Il semble qu'il nous die en des termes si doux,
Que tout ce qu'il a faict, à l'homme fait seruice:
Escoutez (vermisseaux) tout est creé pour vous,
Recognoissez, dit-il, vn si grand benefice.

Le ciel prend la parole, & par son mouuement
De ses conceptions donne l'intelligence:
Ie t'anime, dit-il, & le fixe Element
Pour ton estre reçoit mon astree influence.

C'est moy qui les clartez infuse dans tes yeux,
Qui suis ton luisant Phare, & tes pas illumine,
Qui fais paroistre l'Aube à l'aspect gracieux,
Et les feux estoilez quand la nuict tu chemine.
Alors vn grand esclair parut qui m'estonna,
Car on eust pris sa voix pour celle du tonnerre:
L'ame, peu s'en falut, le corps abandonna:
Qui n'en n'eust eu frayeur, s'il doit brusler la terre?
C'est moy, c'est moy, dit l'Air, qui te fais respirer,
Ton extreme chaleur, mon haleine tempere,
Sinon par mon moyen tu ne peux aspirer,
D'vn moyen incogneu tes mouuemens i'opere.
Mille sortes d'oiseaux i'ay dãs mes vagues châps,
Qui recréent tes yeux, ton palais, tes oreilles,
De leur varieté, leur saueur & leurs chants:
Beny le souuerain de toutes ces merueilles.
Quand l'Air, voisin du ciel, eust proferé ces vers,
I'entr'ouys vn murmur, vn grãd bruit, vn rauage,
C'estoit ce fier Torrent qui noya l'vniuers,
Toutesfois il me tint vn modeste langage.
C'est moy sans plus, dit-il, qui en propre saison
Abbreuue le grand sein de la terre alteree,
Qui te fais rafraischir en l'ardente saison,
Et dompte les fureurs du violent Boree.
Ces animaux diuers qui frayent dans les eaux,
Ie leur donne la vie afin qu'ils te la donnent:
Ie forme les destroits, afin que tes vaisseaux
Abordent les pays que mes flots enuironnent.
I'entends au mesme instant la Terre resonner,
Et ie preste l'oreille à sa voix qui redonde;

Dit-elle, Escoute moy, mon fils, sans t'estonner,
Ie nourris en mon sein les quatre parts du monde.
Toutes sortes de biens, fertile, ie produits
Pour les hostes mondains, aussi ceux des deux poles
M'appellent tous leur mere, ils viuẽt de mes fruits,
Et ie les porte tous sur mes fermes espaules.
Sans cesse ie traffique auec les elemens,
Mon fils, & ie reçois l'influence celeste
Pour produire ta vie, & tous mes mouuemens
Ne tendent qu'à ce but, & le ciel i'en atteste.
Cependant que tu vis ie ne puis te laisser,
Mesmes apres ta mort vn lict ie te dispose:
Viuant, de mes faueurs, ie te viens caresser,
Et mort, en mon giron, sans soucy tu repose.
Voila, mon fils aisné, ce que ie fay pour toy,
C'est tout ce que ie puis: mais ie te pri' contemple
L'amour du Createur qui te loge dans soy,
Au partir de ce lieu, t'eslisant pour son temple.
Hõme, penses-y bien, luy seul fait tout mouuoir,
Les cercles estoilez, sans luy sont immobiles:
Il fait tourner les cieux & tonner & plouuoir,
Sa manne distilant dans mes flancs infertiles.
Que tu es obligé à cet ouurier parfaict,
Que tu le dois aimer, mais d'vn desir extreme!
Pour toy seul, non moy seule, ains ce tout il a faict,
Et seul il t'a creé pour l'amour de luy mesme.
Quand la mere commune eust ce discours finy,
Mon esprit rendit grace à l'autheur de la vie;
Mais plongeant mes pensers dans son los infiny,
Mes yeux furent troublez, & mon ame rauie.

QVATRAIN.

LE principe & la fin de toute œuure, c'est Dieu,
Aussi i'ay par luy seul ces œuures commencees:
Muse, ne voguons plus, iettons l'ancre en ce lieu,
C'est le port desiré de nos sainctes pensees.

FIN.

www.ingramcontent.com/pod-product-compliance
Ingram Content Group UK Ltd.
Pitfield, Milton Keynes, MK11 3LW, UK
UKHW021825190726
13853UKWH00003B/1196